ATIVIDADES
e JOGOS
COOPERATIVOS

Dados Internacionais de Catalogação na Publicação (CIP)
(Câmara Brasileira do Livro, SP, Brasil)

Atividades e jogos cooperativos / Javier
Fernández-Río... [et al.]; tradução de Guilherme
Summa. – Petrópolis, RJ : Vozes, 2015.

Outros autores: José Manuel Rodríguez Gimeno,
Carlos Velázquez Callado, Luis Santos Rodríguez
Título original : Actividades y juegos cooperativos para
educar en la escuela y en el tiempo livre
Bibliografia
ISBN 978-85-326-5112-9

1. Aprendizagem cooperativa 2. Atividade física
3. Didática 4. Educação física 5. Jogos educativos
I. Fernández-Río, Javier. II. Rodríguez Gimeno,
José Manuel. III. Velázquez Callado, Carlos.
IV. Santos Rodríguez, Luis.

15-06535 CDD-371.397

Índices para catálogo sistemático:
1. Atividades físicas e jogos cooperativos:
Educação 371.397

JAVIER FERNÁNDEZ-RÍO
JOSÉ MANUEL RODRÍGUES GIMENO
CARLOS VELÁZQUEZ CALLADO
LUIS SANTOS RODRÍGUEZ

ATIVIDADES e JOGOS COOPERATIVOS

Tradução de Guilherme Summa

EDITORA VOZES

Petrópolis

© 2013, Editorial CCS, Madri – Espanha

Título original em espanhol: *Actividades y juegos cooperativos para educar en la escuela y en el tiempo libre*

Direitos de publicação em língua portuguesa – Brasil:
2015, Editora Vozes Ltda.
Rua Frei Luís, 100
25689-900 Petrópolis, RJ
www.vozes.com.br
Brasil

Diretor editorial
Frei Antônio Moser

Editores
Aline dos Santos Carneiro
José Maria da Silva
Lídio Peretti
Marilac Loraine Oleniki

Secretário executivo
João Batista Kreuch

Editoração: Fernando Sergio Olivetti da Rocha
Diagramação: Sheilandre Desenv. Gráfico
Capa: Idée Arte e Comunicação
Ilustração de capa: Studio Graph-it

ISBN 978-85-326-5112-9 (Brasil)
ISBN 978-84-9842-498-0 (Espanha)

Editado conforme o novo acordo ortográfico.

Este livro foi composto e impresso pela Editora Vozes Ltda.

*Em memória de Juan Antonio Dorado Segura,
excelente professor e colega, que esteve no
gérmen deste projeto.*

Sumário

Introdução, 9

1 Teoria da Cooperação na atividade física, 11

2 Atividades introdutórias, 53

3 Atividades com bolas, 89

4 Atividades com cordas, 105

5 Atividades com frisbees, 131

6 Atividades com música, 137

7 Atividades com raquetes, 145

8 Atividades com paraquedas, 155

9 Atividades com cadeiras, 173

10 Atividades sensoriais e de percepção, 185

11 Atividades de equilíbrio, 209

12 Atividades com toalhas, 243

Referências, 253

Índice, 267

Introdução

Nos últimos anos, muitos profissionais da atividade física e do esporte, cientes dos problemas que afligem a nossa sociedade, vêm contemplando a necessidade de buscar alternativas ao modelo dominante de ensino.

A atividade física, estruturada em torno do corpo e sua motricidade, tem como objetivos fundamentais fazer com que as pessoas explorem o próprio corpo, tomem consciência de seu potencial e de suas limitações, obtenham experiências motoras positivas que os ajudem a desfrutar do seu corpo e do movimento e consigam consolidar hábitos saudáveis de atividade física numa relação satisfatória e positiva com o seu corpo. Infelizmente, as abordagens metodológicas que imperam não são integradoras, por não possibilitarem o êxito da totalidade dos participantes nas atividades, somente daqueles que são mais dotados.

Além disso, o corpo e seu movimento também são veículos de comunicação e de relacionamento com o mundo, e é por isso que o trabalho do professor deveria ir além de um mero fenômeno de aculturação: se o que queremos é formar pessoas capazes tanto de se desenvolver com senso crítico, independência e liberdade como de contribuir para a vida em sociedade de uma maneira responsável e construtiva, temos que contribuir para a humanização das pessoas que estão aos nossos cuidados: os jovens.

Como veremos ao longo do livro, a cooperação é uma abordagem metodológica que visa aumentar a aprendizagem de todos os participantes em uma atividade, e aprimorar seus valores e habilidades sociais. E mais, a cooperação pode ser considerada um objeto de aprendizagem em si mesmo e uma meta a alcançar como um dos atributos para a vida em sociedade.

Para nós, o modelo de ensino baseado na aprendizagem cooperativa se apoia em uma filosofia educativa, em um modelo de pessoa a ser formada (com iniciativa, capacidade de trabalhar em grupo, ponderada e crítica) e um modelo de escola (aberta à participação, atuante e democrática). Em resumo, trata-se de um modo de ver as coisas na prática e de uma metodologia em particular que acreditamos ser mais coerente com os valores que defendemos e com o objetivo último da educação.

Historicamente, através da cooperação se tem conseguido incrementar a capacidade de um grupo, aumentando, assim, suas chances de sobrevivência. Muitos animais a empregam – as abelhas e as formigas constituem os exemplos mais conhecidos – e demonstram como a capacidade de um grupo é superior à de cada um de seus membros separadamente. É por isso que a maioria das espécies de primatas vive em comunidades e vários animais caçam em bando, obtendo resultados muito superiores aos dos indivíduos.

Como a carga instintiva nos seres humanos é muito menor, a cooperação passou a ser uma estratégia transmitida culturalmente. A espécie humana é frágil, e foi principalmente a cooperação (claro, facilitada pela superior capacidade de comunicação do ser humano) que permitiu que os seres humanos sobrevivessem entre outras espécies, mais fortes e mais rápidas, e se desenvolvessem até o atual estado de civilização. Segundo Johnson e Johnson (1990), a cooperação em seu mais alto grau é, provavelmente, a característica mais genuinamente humana, aquela que realmente nos distingue de outras espécies animais. Ao longo da história, foram os indivíduos que organizaram e coordenaram seus esforços para alcançar um objetivo comum que obtiveram sucesso em praticamente todas as realizações humanas.

1

Teoria da Cooperação na atividade física

1 Qual o objetivo da cooperação na atividade física e no esporte?

Tradicionalmente, os profissionais da atividade física e do esporte sempre acharam que contavam com a vantagem de trabalhar em uma área naturalmente atraente para todos. Ideia essa resultante de uma visão parcial da realidade, baseada apenas nos praticantes bem-sucedidos, como veremos a seguir.

De acordo com vários estudos (CARLSON, 1995; TINNING, 1992), cerca de 20% dos alunos afirmam não gostar de Educação Física. Essas crianças, portanto, além de não considerarem tais aulas agradáveis, julgam que elas não lhes oferecem nada vitalmente valioso. Quando se trata de uma situação especialmente motivadora como é a atividade física, esse "fracasso" pode ser atribuído em grande parte à atuação inadequada dos professores. O nível de motivação dos participantes com o qual contamos de saída irá variar principalmente em função das expectativas de sucesso que tenham, das relações estabelecidas entre eles, de como o professor organiza e estrutura as atividades, do clima emocional do grupo, das expectativas do professor, da atenção às necessidades dos alunos, e assim por diante. Tinning (1992) reflete essa realidade por meio do comentário deste menino:

> Só me lembro que nós treinávamos jogos de equipe, como o beisebol, e que praticávamos os esportes da

escola. Lembro-me que eu odiava aquilo, porque eu não era um corredor rápido e nunca me escolhiam para os esportes porque eu era, e ainda sou, muito descoordenado e tinha dificuldade com os jogos de bola.

Carlson (1995) descobriu que um em cada cinco alunos se sente deslocado e descontente com as suas experiências em Educação Física. Entre os vários fatores mencionados pelos entrevistados podemos destacar: o tédio, a repetição, a falta de um sentido para tanto esforço, a ênfase excessiva na competição e o uso negativo do exercício.

Portman (1995) ressalta que todos os alunos de seu estudo, quando obtinham êxito, apreciavam a Educação Física, mas as experiências dos alunos considerados "de baixa habilidade" foram em grande parte negativas em função da preponderância de experiências ruins, entre as quais eles salientavam as críticas públicas por parte dos colegas em atividades competitivas, bem como uma percepção do tratamento diferenciado de meninos e meninas por professores, resultando em que os alunos de "baixa habilidade" sentiam-se discriminados e deixados de lado. Por fim, esses alunos acabavam retirando-se da atividade, indo sentar-se no banco.

Em um estudo realizado por Ennis et al. (1997), constatou-se que alguns alunos do ensino médio preferiam ser suspensos a participar de programas de Educação Física, pelos seguintes motivos: tédio ("Estamos jogando sempre a mesma coisa desde o ensino fundamental; são sempre os mesmos esportes, não importa pra que escola você vá"), intimidação ("Os garotos são realmente brutos, tiram a bola com violência, eu não gosto de jogar com eles") e irrelevante para suas vidas ("Qual o sentido de correr sem parar?").

Ruiz Pérez (2000) propõe o conceito de Incompetência Motora Aprendida. Segundo ele, cerca de 25% dos alunos não atendem às demandas diárias das aulas de Educação Física, sentem-se excluídos e não gostam de praticar exercícios. Tais alunos não possuem aptidão para a Educação Física e desenvolvem um sentimento de impotência e humilhação que os leva a aceitar a sua condição e abandonar qualquer tentativa de aprendizado. Robinson (1979) define esse processo como desmoralização, ao passo que Polaino-Lorente (1993) o chama de desamparo, e Dwek (1980), de desesperança ou resignação aprendida.

Todos esses meninos e meninas são aqueles praticantes de atividades físicas que normalmente são escolhidos por último, que têm de suportar a humilhação de não serem selecionados e que recebem de seus professores ou treinadores uma atitude que oscila entre a indiferença e a superproteção. Anseiam sair do ginásio o mais rápido possível e evitam a atividade física a todo o custo. São o que Barbero (1989) chamou de "refratários" à atividade física. Aqueles que esquecem o equipamento em casa, alegam enfermidades inexistentes, evitam realizar atividades físicas por qualquer motivo, querem ser dispensados... e acabam entrando em um estado de autoisolamento no qual progressivamente desligam-se da aprendizagem motora (abstinência motriz). Tais indivíduos caracterizam-se por sua baixa motivação, pela persistência mínima em face às dificuldades e pela apatia generalizada.

Mas como se chega a uma situação dessas? Como é possível que em um contexto agradável isso tudo aconteça? Por meio de estruturas de trabalho nas quais ocorre a constante e evidente comparação, como é o caso nas competições. Nestas, muitos alunos descobrem sua ineficiência, o que gera neles sentimentos de amargura e infelicidade. Conforme observa Tinning (1992), os efeitos positivos sobre a personalidade dos vencedores nos esportes muitas vezes parecem ser obtidos às custas dos perdedores e suplantados que, de alguma forma, moldam a sua personalidade em torno do fracasso.

Segundo Ruiz Omeñaca (2002), na atividade física e no esporte têm peso tanto o currículo oculto como o manifesto, de modo que a propagação desses valores e dessas práticas negativas podem ocorrer em uma base diária. Esse currículo oculto tem origem tanto no contexto cultural no qual se insere a atividade física como na própria personalidade do professor e nos princípios e valores que ele aceita sem questionar. Partindo do implícito, a atividade motora pode promover a ordem, a hierarquia e a dependência da autoridade ou pode abrir caminhos para a exploração criativa, a liberdade responsável e a emancipação. O que subjaz à atividade física pode promover a integração e a convivência com base no respeito ao outro, ou pode atuar também de uma forma complexa e perniciosa, legitimando a discriminação em função de gênero, raça, biótipo ou habilidades motoras (PASCUAL, 1998).

Tinajas et al. (1995) destacam que até hoje nos limitamos a promover a prática de esportes discriminatórios e sexistas. Discriminatórios porque seu aprendizado exige o desenvolvimento prévio de habilidades motoras básicas das quais carece uma fração significativa de nossos alunos. E sexista, pois essas carências se distribuem de forma muito desigual entre ambos os sexos. É comum observar como nos jogos de grupo os meninos tendem a se apropriar da bola, enquanto muitas meninas a evitam. Isso se opõe justamente a um dos objetivos de nossa área, que é o da aceitação do próprio corpo com suas características e limitações, e a participação de atividades físicas sem inibições.

Se o que queremos é obter um modelo de atividade física e de esporte que integre igualmente meninos e meninas, não basta uma escola mista: temos de garantir que a diversidade de habilidades motoras não estabeleça em nossos grupos o elitismo motor. Para Omeñaca e Ruiz (1999), a cooperação pode:

- Criar um clima de relação social.
- Estabelecer um contexto no qual todos tenham algo a contribuir.
- Promover maior auxílio às pessoas menos hábeis.
- Evitar situações de agressividade física.

- Propiciar situações que permitam trabalhar valores como a solidariedade e o apoio.
- Proporcionar experiências que levem à valorização dos demais.

Williams (1992, 1994) estabeleceu uma lista normativa de atividades de Educação Física que poderiam ser consideradas experiências pedagógicas inadequadas para nossos meninos e meninas:

- Falta de objetivos claros para as atividades.
- Elevado potencial para a ridicularização de um aluno perante todo o grupo.
- Foco na eliminação.
- Ênfase excessiva para que os participantes se divirtam.
- Pouca ênfase no ensino de habilidades e atividades para toda a vida.
- Tempo de participação real extremamente baixo.
- Alto risco de machucados ou lesões.

Martens (1996) aponta outros erros que são cometidos:

- Os participantes são constantemente submetidos a instruções e avaliações.
- Fazemos da aprendizagem de habilidades físicas uma tarefa rotineira e entediante.
- Usamos a atividade física como punição por mau comportamento.

Como podemos observar, muitas aulas são caracterizadas pela organização em fileiras, ordens e correções, pela ênfase no erro mais do que no acerto, pela rotina e o tédio, pelas notas, punições e o embaraço perante os colegas, pela comparação, críticas, competição e a eliminação prematura. Banalizam-se posturas como o individualismo ou a competitividade, recriam-se desigualdades sociais em termos de gênero ou habilidade motora, produzindo no indivíduo uma relação negativa com o próprio corpo e com a atividade física. Assim, conforme destaca Roberts

(1991), aos dez anos a maioria das crianças participa de diversos tipos de atividade física, enquanto que, lá pelos dezessete, até 80% desses jovens já praticamente abandonaram qualquer atividade desportiva. Ou seja, um dos principais objetivos de nossa área, o de criar hábitos saudáveis de atividade física, não está sendo alcançado para a maioria dos alunos, algo que em parte pode ser atribuído à atuação inadequada dos professores.

A pergunta que fica aqui é: O que podemos fazer? Fernández García (1997) propõe várias estratégias:

• Reajustar os modelos de ensino, buscando aquele no qual se possam conjugar os diferentes interesses e habilidades dos alunos.

• Insistir na mudança de atitudes que têm como resultado uma percepção diferenciada, segundo o gênero, da atividade física.

• Conseguir que todos os participantes obtenham e mantenham uma relação emocional positiva com a atividade física, promovendo experiências e atitudes positivas.

• Estimular a aceitação do próprio corpo e o dos colegas com as suas características, habilidades, capacidades, possibilidades e limitações.

• Propiciar situações que acomodem os diferentes níveis de habilidade motora e interesses diversificados.

Ocorre que muitas dessas considerações coincidem com as características das situações de trabalho cooperativo, que constituem uma atmosfera lúdica de divertimento físico e crescimento pessoal em um ambiente de estabilidade emocional que evita situações ameaçadoras para a autoestima.

2 O que é cooperar?

Em um grupo, três formas de interação entre os indivíduos participantes podem ser distinguidas: eles podem agir isoladamente, podem competir entre si ou podem ajudar uns aos outros. A partir dessas três formas de interação, podemos definir três tipos de cenários:

• *Cenário individualista:* não há correlação entre a realização dos objetivos dos participantes; cada indivíduo buscará seu próprio benefício sem levar em conta os outros participantes.

• *Cenário competitivo:* é aquele no qual os objetivos de cada participante estão relacionados de tal forma que há uma correlação negativa entre as consequências de seus objetivos; um indivíduo irá alcançar seu objetivo se e somente se os outros não alcançarem os deles.

• *Cenário cooperativo:* aquele no qual os objetivos dos indivíduos estão tão unidos que existe uma correlação positiva entre as realizações ou conquistas de suas metas; um indivíduo alcança seu objetivo se e somente se todos os outros participantes também atingem os seus (DEUTSCH, 1962); os indivíduos tentam superar fatores externos, não humanos, em vez de competirem entre si; o sucesso de cada um deles depende do sucesso dos demais, e não de seus fracassos; a ação individual é voltada para a ação dos colegas, para tentar melhorar o resultado do grupo.

Outra das questões comumente associadas ao trabalho cooperativo é a confusão que costuma surgir entre os termos colaboração e cooperação. Como destaca Fernández-Río (2009), *colaborar* vem do latim *"co-laborare"*, *"laborare cum"*, cuja raiz é o substantivo *"labor, -ris"*, que significa trabalho; assim, colaborar poderia ser traduzido como "trabalhar em conjunto com". Por sua vez, *cooperar* provém do latim *"co-operare"*, *"operare cum"*, cuja raiz é o substantivo *"opera, -ae"*, que significa trabalho, mas também significa ajuda, cuidado, apoio; portanto, cooperar poderia ser traduzido como "ajudar em conjunto com, ajudar-se, apoiar-se mutuamente, cuidar um do outro". Seguindo a mesma lógica, o dicionário da Real Academia Espanhola também distingue claramente ambos os termos: define *colaborar* como "trabalhar com outra ou outras pessoas" e *cooperar* como "trabalhar em conjunto com outro ou outros para um mesmo fim"; ambos os termos têm partes comuns, mas há uma grande diferença, que a Academia Espanhola destaca em sua acepção – "para um mesmo fim".

Ambas as explicações nos levam à mesma conclusão: a cooperação acrescenta à colaboração um tom de solidariedade, de apoio mútuo ou de generosidade que faz com que aqueles que a princípio precisariam simplesmente *colaborar* para ser mais eficazes no trabalho a ser realizado em conjunto acabem por *cooperar*, tecendo, dessa forma, entre si um vínculo mais profundo por causa desse objetivo em comum a ser alcançado por todos.

É por isso que autores como Solé (1997) propõem que não basta que várias pessoas estejam sentadas juntas realizando uma determinada tarefa (colaboração) para que se estabeleçam as relações adequadas que aumentem a sua aprendizagem e desenvolvimento pessoal; para que tudo isso ocorra é necessária uma metodologia adequada e precisa (cooperação); como muito bem colocou Cazden (1991), talvez o que conseguimos dos professores na maioria das vezes seja simplesmente o compartilhamento das cadeiras, mesas e até mesmo dos alunos, mas não da própria aprendizagem; para isso, é necessário muito mais do que apenas juntar dois alunos para realizar um exercício juntos.

Além disso, há uma confusão entre duas expressões que parecem, *a priori*, quase sinônimos: *trabalho de grupo* e *trabalho cooperativo*; por isso, é importante esclarecer que todo trabalho cooperativo é trabalho em grupo, porém nem todo trabalho em grupo é trabalho cooperativo; existem muitas diferenças entre ambos, conforme aponta Marín (2005):

- O trabalho cooperativo é baseado em uma interdependência positiva entre os integrantes do grupo (explicada adiante), enquanto que no trabalho em grupo nem sempre ela ocorre.

- No trabalho em grupo a avaliação é coletiva (de todo o grupo), ao passo que no trabalho cooperativo há uma responsabilidade individual, já que cada integrante é avaliado pelo seu domínio da matéria.

- Os grupos de trabalho cooperativo devem ser heterogêneos, enquanto que no trabalho em grupo costumam ser homogêneos.

- No trabalho cooperativo a liderança é compartilhada (todos assumem esse papel em algum momento), enquanto que no trabalho em grupo geralmente há um líder fixo.

- No trabalho cooperativo espera-se que cada pessoa dê a sua contribuição ou realize a função que lhe foi atribuída, enquanto que no trabalho em grupo cada integrante pode ou não ajudar, conforme sua vontade.

- O objetivo do trabalho cooperativo – além de outros explicados adiante – é fazer com que todos os integrantes aprendam o máximo possível, enquanto que no trabalho em grupo o único objetivo é completar o trabalho atribuído.

- No trabalho cooperativo são ensinadas/desenvolvidas habilidades sociais para os indivíduos poderem atuar de forma cooperativa, enquanto que no trabalho em grupo não se estimula a aquisição de tais habilidades, presumindo que já estejam presentes.

- No trabalho cooperativo, o professor intervém no processo observando, proporcionando *feedback* e redirecionando a ação de acordo com o que acontece, enquanto que no trabalho em grupo ele não costuma intervir.

- No trabalho cooperativo se estabelecem mecanismos para que o grupo verifique, avalie e reflita sobre como está trabalhando, enquanto que no trabalho em grupo essa importante variável geralmente não é contemplada.

Ainda que autores como Maté (1996) sejam categóricos em considerar o trabalho em grupo uma forma de trabalho cooperativo, nem todos os trabalhos realizados em grupo têm as características do trabalho cooperativo, e vice-versa, podendo estabelecer-se, uma vez mais, a distinção básica entre ambos no tom afetivo da aprendizagem cooperativa: dar e receber encorajamento e auxílio.

Após esses necessários esclarecimentos terminológicos, passemos agora a analisar os elementos ou características que fazem com que uma situação de aprendizagem possa ser considerada cooperativa.

3 Características de uma situação cooperativa

Autores como Conard (1990), Grineski (1996), Johnson et al. (1999), Rué (1989) e Strachan e MacCauley (1997) apontam como alguns de seus elementos básicos ou características fundamentais os seguintes:

- *A interdependência positiva entre os integrantes do grupo:* os indivíduos necessitam uns dos outros de maneiras diferentes (por sua força, suas ideias, sua agilidade etc.) para que todos possam obter sucesso na tarefa que lhes foi proposta; mas necessitam uns dos outros de forma positiva (ajudando-se), não negativa (prejudicando-se); trata-se de aproveitar os pontos fortes de cada integrante, de focar nos aspectos positivos da pessoa e não nos negativos, ou seja, "o que ela não pode fazer".

- *Objetivos do grupo:* o objetivo final estabelecido para o grupo de trabalho deve ser comum a todos; isso permite que todos os integrantes, sem exceção, tenham de trabalhar para alcançar o tal objetivo final do grupo; o objetivo a ser alcançado não é a meta de uma só pessoa, mas, sim, de todas as pessoas que formam o grupo de trabalho.

- *Responsabilidade individual dentro do trabalho coletivo:* cada integrante do grupo sabe e sente, ou seja, é consciente de que tem a responsabilidade de contribuir com sua parte para que o grupo tenha êxito em sua tarefa; sem a sua contribuição individual o grupo pode ser prejudicado, e por isso ele é responsável por "contribuir" para o sucesso coletivo; dessa forma, sente-se "ligado" ao grupo, porque passa a compreender que ele também é importante para a equipe.

• *Interação face a face entre os participantes:* para poder desenvolver habilidades sociais e de comunicação é essencial trabalhar em contato direto com as pessoas, por isso, o período do trabalho deve possibilitar que se estabeleça uma interação direta entre todos os integrantes do grupo.

• *Processamento em grupo:* também é fundamental que o grupo processe toda a informação que lhe é oferecida para poder resolver a tarefa; somente por meio desse "tratamento comum" da informação é possível ao grupo extrair o que é necessário e importante, ao mesmo tempo em que se permite a assimilação da informação por cada integrante do grupo a fim de se concluir satisfatoriamente a tarefa solicitada.

• *Habilidades interpessoais:* ao trabalharem em contato direto durante a atividade, os alunos são obrigados a utilizar suas habilidades de relacionamento interpessoal e, portanto, a desenvolvê-las, aspecto este de suma importância em uma sociedade tão individualista e competitiva como a de hoje; entre essas habilidades, podemos destacar: dar e receber auxílio, encorajar, confortar, valorizar, criticar as ideias e não as pessoas, respeitar a vez...

Segundo Ovejero (1990), as habilidades de cooperação devem ser ensinadas. Estruturar atividades de cooperação não é suficiente para que elas funcionem por si sós. Os alunos não nascem com habilidades interpessoais e grupais, e elas tampouco surgem do nada, num passe de mágica, quando eles necessitam delas. Os professores, antes de ensinar habilidades de cooperação aos alunos, devem estruturar um contexto de trabalho cooperativo; não faz muito sentido ensinar os alunos a se comunicar de forma mais eficaz se eles esperam trabalhar sozinhos, sem interação mútua. As pessoas que trabalham de forma competitiva querem "ganhar" e não aprender as habilidades necessárias para resolver um conflito.

As premissas assinaladas visam uma atividade conjunta e participativa na qual todos os integrantes do grupo têm um papel a desempenhar. Isso produz efeitos claros:

• *Não se discrimina:* não há distinção entre bons e ruins, entre vencedores e perdedores, entre meninas e meninos. Os participantes não devem procurar se destacar entre seus colegas ou adversários, mas, sim, buscar o prazer que o desafio e a atividade em si proporcionam, com a ajuda de seus amigos.

• *Não se elimina:* ao erro se segue a possibilidade de continuar explorando e experimentando. O erro é uma etapa no processo de exploração no qual são criadas e testadas uma infinidade de possíveis soluções para os problemas motores que lhes são apresentados; os erros fornecem informações sobre a atividade, não constituem fracasso nem vergonha. Desse modo, os menos dotados e mais necessitados de experiências motoras têm um maior acesso a elas, porque não são eliminados ou marginalizados (ou automarginalizados) das atividades devido às imposições que privilegiam a eficiência em prol do resultado. Vejamos essa ideia nas palavras de um aluno:

> Eu sempre era um dos últimos a ser escolhido para os jogos de equipe. Sempre procurava me colocar em uma posição afastada da bola, na esperança de que ela não chegasse a mim, já que normalmente a deixaria cair e ficaria muito envergonhado. Quando era a minha vez de rebater, sempre esperava até o final e queria que a minha vez passasse rapidamente (TINNING, 1992).

• *Proporcionam-se experiências positivas:* a liberação da pressão que um erro acarreta evita experiências negativas. Evita também a vergonha provocada por um erro na execução de qualquer ação individual na frente de toda a turma.

4 Ações a serem desenvolvidas

Uma vez selecionada a atividade ou jogo que queremos desenvolver, devemos levar em conta os seguintes pontos:

• *Dividir a turma em grupos de trabalho:* os grupos menores (de dois a três componentes) são mais fáceis para trabalhar, sobretudo quando não há muita experiência no trabalho cooperativo.

• *Planejar a disposição do material humano:* a disposição do material humano constitui uma afirmação do que vem a ser uma conduta apropriada. Uma proximidade maior pode facilitar a ajuda mútua entre os grupos ou, inclusive, pode-se colocar alguns grupos em posições mais centrais para que deem ideias a outros e os ajudem indiretamente.

• *Explicar a tarefa:* inclui o objetivo a ser alcançado, as regras para atingi-lo e a maneira correta e desejável de interação. Os participantes são encorajados a ajudar outros integrantes da equipe no desenvolvimento da tarefa solicitada.

• *Observar e auxiliar:* é muito importante observar os grupos durante a tarefa para entender o que está acontecendo e poder esclarecer instruções; responder a perguntas; motivar, estimular e incentivar os grupos; dar dicas e/ou soluções, e assim por diante; de qualquer forma, os professores não devem interferir nos grupos, a menos que seja imprescindível.

• *Avaliar, refletir e redirecionar:* é muito importante que o professor avalie o que os participantes fazem em nível motor, cognitivo e afetivo-social, a fim de refletir sobre o processo todo para conduzi-lo ou reconduzi-lo na direção que pretende.

5 O trabalho do professor/treinador/instrutor

As atividades cooperativas descentralizam a autoridade, que passa do professor para o próprio grupo. De um transmissor de conhecimentos, o professor passa a ser um planejador das atividades e supervisor das interações que ocorrem no grupo. Para os indivíduos, isso representa um passo muito importante em direção à autonomia, já que a responsabilidade pela aprendizagem passa do professor para eles próprios. Para conseguir isso, o professor deverá:

- Envolver os participantes, engajando-os em todo o processo de ensino-aprendizagem.

- Controlar a distribuição e revezamento dos diferentes papéis e funções e sua correta execução.

- Antecipar-se e ajudar a resolver quaisquer problemas que possam surgir.

- Incentivar a troca de ideias entre os participantes, facilitando a exposição e discussão de tais ideias.

- Fornecer *feedback* positivo abundante, variado e eficaz durante todo o processo e incentivar os próprios participantes a fazê-lo também.

- Ajudar os integrantes mais fracos do grupo, observando a sua participação e comprometimento.

6 Os grupos de trabalho

a) Tamanho

O ideal, tanto para os professores quanto para os participantes que estão iniciando no trabalho cooperativo, é começar com grupos de duas ou três pessoas. É conveniente acostumar os participantes a trabalhar em pequenos grupos até consolidar suas habilidades de comunicação e cooperação. Em tarefas criativas, ou seja, aquelas nas quais é importante dar ideias, um número menor de indivíduos pode favorecer a participação de todos, uma vez que reduz o medo de falar, possibilitando que cada um contribua com suas ideias. À medida que os participantes forem adquirindo experiência e habilidades serão capazes de trabalhar bem em grupos maiores.

Não obstante, grupos de duas a três pessoas proporcionam pouca diversidade de opinião e, geralmente, tende a prevalecer a opinião daquela que tenha mais influência sobre o grupo (por sua personalidade e não pela qualidade de suas ideias).

Também é importante considerar que quanto menor for o tempo disponível, menor deverá ser o grupo de aprendizagem, já que os grupos pequenos necessitam de muito menos tempo para se organizarem de forma eficaz.

Por outro lado, quanto maior o grupo, maior a probabilidade de que sempre haja alguém com uma habilidade específica necessária em determinado momento (tanto motora quanto cognitiva) para ajudar os outros a resolver um problema concreto.

Quanto maior for o grupo, mais difícil se torna a participação de todos os integrantes e de se chegar a um consenso, surgem mais problemas de organização interna e torna-se mais frequente o fato de alguns alunos carregarem o peso da atividade do grupo, enquanto outros tendem a se esconder.

No entanto, muitas vezes é a própria tarefa que dita o tamanho ideal do grupo, já que existem atividades que requerem um número mínimo ou máximo de participantes por grupo.

Na maioria dos casos, o número ideal de alunos gira em torno de quatro.

b) Composição

Uma das maiores vantagens do trabalho cooperativo é que o rendimento é maior se o grupo de trabalho é heterogêneo (MUGNY & DOISE, 1983). No caso da atividade física, essa heterogeneidade implica diversidade de:

- Gênero.
- Habilidades motoras.
- Habilidades cognitivas.
- Habilidades afetivas.
- Interesses.

Garantir essa diversidade e que os participantes a entendam e a aceitem é uma parte importante do trabalho do professor. No entanto, às vezes podemos optar por criar grupos mais homogêneos se acreditamos que é melhor para a dinâmica da aula.

c) Formação

Na hora de formar os diferentes grupos de trabalho cooperativos existem várias possibilidades:

- **Por iniciativa dos participantes (dentro dela, há várias possibilidades):**

  - *Agrupamento livre:* é dada liberdade aos alunos para se agruparem espontaneamente; costuma ser o método mais utilizado. Uma das vantagens é que o clima do grupo é geralmente positivo e seus integrantes sentem prazer em fazer parte dele. Entretanto, também há inconvenientes: os grupos "de amigos" podem acabar muito desequilibrados em termos de gênero ou habilidades de seus integrantes; pode ser que a satisfação de estarem reunidos interfira em sua capacidade de concentração e no trabalho (muitas piadas); ou pode ocorrer a questão da atribuição ou expectativas quanto a determinada função (FABRA, 1994): como eles se conhecem bem, acabam exigindo que suas expectativas quanto ao comportamento que vão adotar sejam cumpridas (um estudante rotulado como brincalhão terá dificuldades para que seus companheiros o aceitem como uma pessoa séria e reflexiva).

- *Agrupamento livre com restrições:* para evitar esses problemas, o professor pode impor algumas condições relativas ao número de participantes que cada grupo deve ter, ao gênero de seus integrantes ou suas habilidades. Isso pode contribuir para que certos indivíduos não fiquem isolados. Os participantes costumam ficar motivados ao escolher seus parceiros (mesmo com restrições) e, além disso, pode-se acrescentar a possibilidade de alterar os grupos, caso os alunos acreditem que o trabalho não se desenvolverá pelas vias apropriadas.

• **Por iniciativa do professor:**

- *Aleatoriamente:* podem ocorrer alguns dos problemas citados anteriormente (má relação entre os integrantes, camaradagem demais, desequilíbrio entre as habilidades...); no entanto, é positivo que os participantes trabalhem em algum momento com todos os colegas. Essa abordagem funciona melhor em grupos com experiência no trabalho cooperativo.

- *A dedo:* quando há conflitos entre participantes esta solução ajuda a formar grupos equilibrados internamente, nos quais interajam pessoas de diferentes níveis intelectuais e habilidades, para que cada uma possa encontrar seu lugar no grupo, evitando que sejam muito díspares quanto ao desempenho e potencial de êxito. Esse método pode funcionar como uma espécie de socioterapia para integrar os indivíduos marginalizados ou fazer interagir com os demais aqueles que, inseguros a respeito de seus conhecimentos ou habilidades intelectuais, mostram uma tendência excessiva ao isolamento (FABRA, 1994).

- *Sociograma:* nossa observação diária pode nos ajudar a realizar um estudo sociométrico de cada grupo. Assim, é possível obter uma visão mais precisa e escolher os integrantes dos diferentes subgrupos com maior cuidado – especialmente para integrar os indivíduos rejeitados ou marginalizados. Segundo Fabra (1994), é aconselhável colocá-los em grupos onde há colegas que eles próprios selecionariam para a atividade: desse modo, saberemos ao menos que sua postura em relação ao grupo (ou a certos integrantes dele) será positiva, o que facilitará sobremaneira sua integração.

Via de regra, em um grupo de trabalho cooperativo é recomendável evitar que em um mesmo grupo haja dois integrantes que possuam uma relação de amizade ou de ódio muito forte. Em ambos os casos, a dinâmica do trabalho em grupo geralmente é afetada.

Note também que os participantes muitas vezes torcem o nariz para a forma de agrupamento feita por iniciativa do professor, alegando que ela não leva em conta seus interesses. É sempre bom discutir com eles sobre a alternância das formas de agrupamento.

d) Estabilidade

Por quanto tempo um grupo de trabalho cooperativo deve permanecer junto? Não há uma resposta única; não se determinou uma quantidade de tempo necessária para todos os casos. Johnson et al. (1990) destacam que os grupos devem permanecer estáveis tempo suficiente para obterem sucesso. Dissolver os grupos que estão tendo problemas para operar de forma eficaz é muitas vezes contraproducente, já que os participantes não aprendem as habilidades de que necessitam para resolver problemas em colaboração mútua.

De fato, cooperar se aprende cooperando, por isso é necessário tempo para que a dinâmica do trabalho cooperativo possa acontecer e as habilidades necessárias para que funcione se desenvolvam. Se mudarmos os integrantes de um grupo depois de cada atividade, esse processo nunca ocorrerá. Portanto, os grupos devem permanecer estáveis pelo menos durante uma aula completa, podendo manter a mesma composição durante várias semanas.

Só depois de passado um tempo, se comprovarmos, de fato, que determinado grupo não funciona, é que devemos mudar alguns de seus integrantes; sempre tomando cuidado para que a alteração não prejudique outros grupos.

7 Os benefícios da cooperação

Para **Piaget e a escola de Genebra**, a ideia fundamental que explica os méritos da aprendizagem cooperativa é a confrontação entre pontos de vista moderadamente divergentes que, devido à exigência de uma criatividade grupal comum, resultará em um conflito sociocognitivo que é, de fato, a causa e o motor do progresso intelectual (MUGNY & DOISE, 1983).

Para **Vygotsky e a escola soviética**, a construção social do conhecimento indica a importância da interação social e da atividade comum cooperativa para um maior e melhor desenvolvimento intelectual do indivíduo. O aprendizado ocorre na interação com os outros, já que ela é o motor da aprendizagem devido ao processo de interiorização que implica (VYGOTSKY, 1979).

É, portanto, a partir dessas teorias que se deduz que a aprendizagem cooperativa é uma técnica privilegiada para melhorar não apenas o desempenho acadêmico dos indivíduos, como também para aperfeiçoar suas habilidades intelectuais e sociais, principalmente devido ao papel crucial que a interação com as outras pessoas desempenha no desenvolvimento não só da inteligência acadêmica, como também da chamada inteligência (ou habilidade) social.

Guitart (1990) ressalta o papel dos jogos não competitivos, já que:

- A criança participa deles pelo simples prazer de jogar e não para vencer e conquistar um prêmio.
- Garantem a diversão ao eliminar o receio do aluno de não alcançar o objetivo definido.
- Estimulam a participação de todos.
- Permitem estabelecer relações de igualdade com os outros participantes.
- Buscam a superação pessoal e não a superação dos outros.
- A criança percebe o jogo como uma atividade conjunta, e não individual.
- Estimulam a sensação de protagonismo coletivo, pois cada um dos participantes desempenha um importante papel no conjunto.

Omeñaca e Ruiz (1999) enfatizam que o jogo cooperativo:

- Permite explorar e facilita a busca por soluções criativas em um ambiente livre de pressão.
- Promove as relações empáticas, cordiais e construtivas entre os participantes.
- Enfatiza mais o processo do que o resultado.
- Integra o erro ao processo, proporcionando *feedback* e propiciando o apoio dos demais.
- Possibilita o aprendizado de valores morais e habilidades de caráter social.
- Promove as condutas de apoio e um elevado grau de comunicação entre os participantes.
- Permite avaliar positivamente o sucesso dos outros.

Note que todas essas contribuições estão relacionadas especificamente aos jogos cooperativos. Se buscamos uma abordagem mais generalizada, é quase obrigatório fazer referência à meta-análise realizada por Johnson e Johnson (1990), na qual os autores examinaram os estudos publicados desde 1897 sobre os efeitos das atividades cooperativas. Nessa revisão, chegaram às seguintes conclusões:

• A cooperação é superior à competição quando se trata de promover o desempenho e a produtividade. Isso é verdadeiro em qualquer idade e nível de ensino, em todas as áreas e em tarefas que envolvem a aquisição de conceitos, resolução de problemas específicos, retenção e memória, execução motora e tarefas de suposição e previsão. A cooperação só não parece ser superior quando a questão é decifrar ou corrigir.

• Quanto à qualidade da estratégia de raciocínio, a cooperação leva ao emprego de um raciocínio de maior qualidade mais amiúde do que a competição ou o individualismo.

• Os esforços cooperativos levam a um maior intercâmbio do que os esforços competitivos ou individualistas.

• Estudos apontam que no "mundo real" as recompensas em grupo são percebidas como mais justas do que as recompensas individuais.

Assim, entre as vantagens mais importantes das técnicas de aprendizagem cooperativa destacam-se as seguintes:

• É possível uma distribuição mais justa do poder da informação, não centralizada apenas no professor.

• Em suas interações com os colegas, as crianças e adolescentes adquirem diretamente atitudes, valores, habilidades e informação que não podem obter dos adultos.

• A interação com os colegas proporciona oportunidades de praticar a conduta pró-social, e também modelos de tal conduta. Através da interação com outras crianças e adolescentes eles se ajudam, se confortam, compartilham coisas entre si, se cuidam e se amparam.

• Os participantes aprendem a ver as situações e os problemas sob perspectivas diferentes das suas próprias, o que os afasta progressivamente do egocentrismo e aumentam sua empatia.

• A autonomia e a capacidade assertiva, bem como atitudes positivas para com os colegas, se desenvolvem.

• Muitas vezes, as crianças e adolescentes não possuem a perspectiva temporal necessária para tolerar atrasos na gratificação. Os colegas proporcionam modelos, expectativas, orientações e apoio para aprender a controlar seus impulsos, melhorando a sua "inteligência emocional".

Podemos afirmar que a aceitação social permite que os alunos se relacionem mais e melhor, contribui para facilitar a aprendizagem de habilidades sociais à margem do controle dos adultos, oferece um contexto adequado que permite à criança comparar as suas realizações com as de seus colegas e também promove uma sensação de pertença a um grupo. Consequentemente, a aceitação social aumenta a segurança e confiança em si mesmo e nos demais membros do grupo.

Há de se destacar, ainda, que em situações cooperativas os participantes se sentem mais queridos, apoiados e aceitos pelos outros (COOPER et al., 1980; GUNDERSON & JOHNSON, 1980, apud OVEJERO, 1990). As situações cooperativas melhoram a postura geral em relação aos colegas e à aprendizagem, o que promove a integração das pessoas com deficiência ou provenientes de diversas minorias; é esta linha que segue o trabalho de Díaz-Aguado (1996) sobre tolerância para com imigrantes e alunos desfavorecidos.

Mir (1998) coletou as impressões de um grupo de professores do ensino médio. Depois de uma experiência de aplicação da metodologia cooperativa, entre outras conclusões, detectou-se uma maior motivação e participação de todos os alunos, que eles gostam de trabalhar em equipe. Os alunos aprendem tanto com seus próprios erros quanto com os dos outros e refletem sobre o que estão aprendendo.

8 Problemas, erros e medos na prática

As atividades cooperativas causam um impacto muito positivo em todos os participantes, mas, obviamente, nem tudo são flores.

• **Descumprimento das regras:** pode acontecer de os participantes se gabarem de ter obtido êxito sem a correspondente cota de esforço (e aprendizagem) por um "atalho", ou seja, trapaceando. Aparentemente, para eles, não cumprir as regras e trapacear pode beneficiar um grupo sem que outra equipe se veja prejudicada.

Em primeiro lugar, o professor deve destacar as regras mais importantes da atividade, apresentando-as sob um prisma positivo, como um desafio a ser superado, e promover sua valorização como meio de ressaltar a relevância da atividade: "Os alunos se ajustam mais às normas se as compreendem, aceitam e valorizam" (OMEÑACA & RUIZ, 1999, p. 80).

O professor pode converter-se no supervisor da atividade, exercendo o papel de juiz/árbitro, mas, se realmente quiser educar os participantes para se tornarem independentes, terá que trabalhar com eles para que sejam seus próprios juízes/árbitros.

Também terá de recordar aos participantes que "não se trata de vencer os outros, portanto, de nada serve autoenganar-se". Conseguir realizar uma atividade à base de trapaças não serve para nada, nem mesmo para conseguir uma nota melhor, já que o professor irá valorizar o esforço e o trabalho acima dos resultados. O aluno precisa se convencer de que o que é realmente divertido e interessante é superar a dificuldade obedecendo a uma série de regras; caso contrário, seria quase como trapacear jogando "paciência".

Outra possibilidade é que os próprios participantes proponham ou aprovem atividades com regras criadas por eles mesmos. Não nos esqueçamos de que muitas vezes são eles que propõem atividades ou redirecionam as propostas do professor. Por exemplo, quando conseguem realizar uma atividade pode ser muito útil perguntar-lhes: "E agora, como podemos complicar a atividade um pouco mais? Que outras possibilidades vocês sugerem?"

• **Reações negativas a integrantes do grupo:** é possível que, caso um grupo não consiga completar uma atividade, alguns atribuam o fracasso a um integrante, surgindo críticas e atitudes hostis habituais em contextos competitivos. Até que os alunos entrem na dinâmica cooperativa é comum que mantenham atitudes próprias da competição, como colocar a culpa nos demais.

Para evitar esse problema, o professor deverá insistir no fato de que o importante não é atingir sempre a meta em cada atividade, e, sim, o esforço empregado, e que é isso o que realmente nos ensina, já que se aprende mais com os erros do que com os acertos.

"Tudo isso será possível se o clima afetivo e social da classe propicia a cooperação, o apoio e, sobretudo, o respeito pelos outros" (OMEÑACA & RUIZ, 1999, p. 80). Nesse contexto, os participantes se dão conta de que o erro não conta negativamente. Além disso, o professor deve fazê-los notar que, já que ser criticado é desagradável, após uma boa bronca, o normal é que o colega, complexado, haja cada vez pior, e acabe rendendo bem menos do que renderia se recebesse apoio ao cometer qualquer erro ou sentir dificuldade.

• **O "*status* de campeão" de alguns indivíduos:** os mais dotados fisicamente, acostumados a sobressair em atividades competitivas ou individuais, não desejam perder a oportunidade de se destacar em qualquer atividade e reclamam daquelas em que não conseguem fazer isso; principalmente quando, para alguns deles, a competição é uma das poucas oportunidades de serem admirados que têm na escola. Visto que a princípio parece legítimo conservar esse *status* dos "campeões", a minoria ou "maioria silenciosa" do grupo não diz nada, ao passo que esse pequeno, porém ruidoso, grupo é o que mais se faz ouvir (OMEÑACA & RUIZ, 1999).

O trabalho do professor é mostrar-lhes que suas capacidades devem ser aproveitadas pelo grupo em benefício de todos, que suas habilidades podem ajudar muito positivamente o restante dos colegas, e que, por isso, devem se engajar no trabalho coletivo. Devemos fazê-los ver o seu papel como "especialistas" na matéria e sua importância para orientar o grupo em determinados momentos. Assim, eles acabarão compreendendo a dinâmica do trabalho cooperativo e aprenderão a trabalhar dentro dela.

Por outro lado, também é importante que o professor proponha atividades que possam ser desafiadoras e enriquecedoras para todos. Devemos estimular também os participantes mais hábeis através de uma cuidadosa seleção de atividades.

Por último, é muito importante proporcionar informação e dar *feedback* a todos os membros do grupo. Se quisermos mantê-los envolvidos, devemos trocar ideias constantemente com eles sobre seu progresso, para que eles se sintam participantes e valorizados.

• **A linguagem do professor:** como normalmente o docente é educado em um ambiente competitivo, é bastante comum que use uma linguagem, teoricamente natural e neutra, porém essencialmente competitiva do tipo "ganha quem... perde quem..." Tal linguagem coloca os participantes diante da necessidade de obter êxito para serem valorizados, e para tanto farão uso dos meios necessários. Em vez disso, seria mais apropriado usar frases como: "Você tem que conseguir...", ao mencionar os objetivos e as regras correspondentes, mas sem falar em triunfo, derrota, eliminação ou outros termos que são imediatamente associados à competição.

Mesmo assim, comentar que "fulano é bom" ou "sicrano é ruim" são referências competitivas, já que para produzir esse comentário se compara o desempenho oferecido por um indivíduo com os demais ou com um marco de referência, algo que é a base do sistema competitivo. A cooperação se baseia em trabalhar para alcançar um objetivo somando-se os esforços individuais, não comparando-os entre si para qualificar um esforço de triunfo e outro (talvez apenas ligeiramente inferior) como derrota, atendo-se a uma marca ou a um padrão motor muito rígido. Essa abordagem não tem sentido em uma atividade cooperativa em que o êxito não é só do primeiro grupo que completa a tarefa, mas também de todos os que conseguem o feito, ou em que se valoriza conseguir resolver um problema de muitas e variadas maneiras, prestigiando mais a originalidade e a criatividade do que a rapidez ou a ausência de falhas.

• **Competição entre grupos:** é um erro bastante comum que os professores ponham em prática atividades cooperativas, mas, para aumentar a motivação dos grupos, lancem a frase: "Ganha o primeiro grupo que acabar". Esse é um erro primário, pois a atividade deixará de ser cooperativa. Passará a ser competitiva, embora com uma maior ênfase na colaboração dentro de cada grupo. Essa suposta maior motivação acaba criando tensões e hostilidades entre os grupos, e o desempenho final da atividade não é o mesmo: surge o já comentado medo do fracasso, os alunos ficam se culpando mutuamente pelos erros em vez de se ajudarem, reduz-se a criatividade na atividade pela urgência em completá-la...

A simples disposição dos grupos também ajuda a "competitivizar" uma atividade cooperativa. Quando dispomos os grupos em fileiras, como numa "corrida de obstáculos", estamos dando a entender aos participantes de maneira subjetiva que os grupos vão competir para ver quem realiza a atividade primeiro. Portanto, devemos ser cuidadosos na hora de organizar e posicionar os grupos para não promover "subjetivamente" a competição entre eles.

Não são apenas os professores que tendem a manter esquemas geralmente vistos em atividades competitivas: dos próprios participantes podem surgir comentários que evidenciam que eles conservam ainda o hábito de comparar os seus feitos, com frases do tipo "nós acabamos antes de vocês", "mestre, não é verdade que o nosso grupo marcou mais pontos?"... É nessa hora que o professor deve deixar claro que o que ele valoriza é o esforço dos alunos, que não precisam ficar se comparando para ver quem é o melhor ou o pior.

Outro erro do professor é avaliar incorretamente os recursos de que dispõem os participantes e surpreender-se constatando que eles completam a atividade individualmente. Nesse caso, deverá modificar a atividade ou os recursos do grupo para garantir que a atividade seja cooperativa.

• **O início na profissão e a tendência de repetir o conhecido:** ao começar a supervisionar um grupo, geralmente todos escolhemos uma série de atividades que dominamos: ou porque são as que mais nos foram ensinadas durante nossa formação, ou porque são as que mais praticamos, assim como um papel que acreditamos desempenhar melhor. Temos a tendência de "apostar no certo", o que, em muitos casos, significa reproduzir várias das técnicas que nossos formadores empregaram conosco. Infelizmente, as técnicas de aprendizagem cooperativa não estão entre as que mais atenção recebem durante o treinamento inicial.

O fato de um professor ter sido ele próprio um aluno de "alta habilidade" na aprendizagem da matéria pode vir a constituir outro problema para ele. Essa grande vantagem que muitos possuem pode reduzir, em alguns, a capacidade de "colocar-se no lugar dos alunos menos dotados", de poder entender suas dificuldades, medos e vergonha diante da prática e atender melhor suas necessidades.

• **Mudanças no papel do professor:** a aprendizagem cooperativa pressupõe uma mudança importante no papel do professor, em sua mentalidade e na interação que ele estabelece com os alunos. O controle das atividades deixa de estar centrado nele e passa a ser compartilhado por toda a turma. Essa mudança, necessária para a eficácia da aprendizagem cooperativa, pode ser experimentada de forma negativa por alguns professores e ser vista como uma perda de controle sobre os alunos.

• **Ser uma "ilha":** a maioria dos professores, desejosos de renovar sua prática, já passou por aquela sensação de se sentirem no começo como "aberrações", isolados, com poucos recursos bibliográficos à sua disposição, e pouca gente disposta a compartilhar anseios e experiências. Felizmente, cada vez mais professores optam por renovar a área de Educação Física, o que torna, consequentemente, mais fácil unirem-se em grupos de trabalho para compartilhar problemas e descobertas a fim de facilitar a tarefa de pôr em prática uma abordagem diferente como a cooperativa.

9 Avaliação

Em primeiro lugar, queremos esclarecer que acreditamos na avaliação como elemento contínuo e permanente, integrado ao processo de ensino e aprendizagem e orientado para o seu aprimoramento (LÓPEZ PASTOR, 2001, 2004).

Dissemos anteriormente que a cooperação libera o aluno, já que, ao contrário da competição, o mais importante não é o resultado, e, sim, a forma de obtê-lo, o processo seguido. Coerentes com essa ideia, achamos que dois tópicos fundamentais deveriam ser avaliados:

a) Atitudes e habilidades de cooperação demonstradas. É importante lembrar que boa parte da Educação Física está intrinsecamente relacionada às habilidades sociais, tais como a participação e cooperação, que entendemos serem de grande importância para a vida de nossos alunos.

b) O trabalho realizado, que pode ser avaliado de duas maneiras:

- O esforço investido: a parte mais importante, já que pensamos que na Educação Física é essencial, além do desenvolvimento como indivíduos, a experimentação de sensações motoras positivas. Só assim será possível consolidar hábitos saudáveis de prática de atividades físicas.

- Os resultados: alcançar os objetivos propostos na atividade. Nos casos em que se peçam várias soluções para um problema motor, isso pode supor tanto a quantidade de soluções para o problema motor como a qualidade dessas soluções, em função de sua dificuldade e de sua originalidade/criatividade.

Essa maneira de pensar significa avaliar mais o processo realizado do que o resultado final, a menos que a capacidade de trabalhar para solucionar problemas cooperativamente seja considerada um resultado em si mesma. Isso reduz a pressão por resultados e a importância do erro, não se encorajando que os alunos mais destacados motriz e intelectualmente se agrupem.

Na hora de avaliar, o fato de o trabalho ser coletivo não implica necessariamente que a nota tenha que ser também coletiva; na verdade, propomos que o professor dê duas notas e tire a média delas:

• Uma única nota para todo o grupo.
• Uma nota para cada aluno.

Cremos ser interessante que o professor observe os alunos a fim de constatar (e fazê-los constatar também) qual deles motiva o grupo, qual dá ideias, qual demonstra mais iniciativa, para diferenciá-lo daquele que simplesmente se deixa levar. Isso permite perceber melhor as diferenças de trabalho entre uns e outros, e fazer ver aos alunos a diferença das notas de uns e de outros. Em qualquer caso, a avaliação, tanto individual como coletiva, deve ser feita com base em critérios claros, perfeitamente conhecidos pelos alunos.

Da forma como vemos a educação, entendemos que, se estimulamos a participação ativa do aluno em seu processo de aprendizagem e pretendemos formar pessoas maduras, com capacidade crítica (e autocrítica), a avaliação não pode ser um processo externo ao aluno, e, sim, tem que se dar também em seu íntimo. A turma tem que participar de sua própria avaliação, como uma forma a mais de adquirir responsabilidades, de compreender o que está fazendo e, em última análise, de melhorar.

Portanto, acreditamos que é extremamente gratificante introduzir diferentes tipos de avaliação como um elemento que reúna os dados do professor com os obtidos através de processos de coavaliação e autoavaliação dos próprios alunos.

A pergunta de muitos professores na prática é: O que devem avaliar quando utilizam jogos e atividades cooperativas? Serrano e González-Herrero (1996) propõem uma série de condutas relevantes que devem ser observadas nesse tipo de atividade:

- Os alunos pedem ajuda, informação ou explicações quando necessário.

- Atendem às solicitações de seus colegas, levando em conta o que é pedido na atividade.

- Oferecem coisas ou prestam ajuda a seus colegas, sem que estes a peçam.

- Comunicam aos colegas suas experiências, problemas, êxitos...

- Estipulam e respeitam turnos.

- Interessam-se pelos sentimentos dos colegas.

- Dão explicações ou conselhos aos colegas.
- Corrigem e reorientam os colegas.
- Propõem ideias ou atividades concretas aos colegas sem impô-las.
- Aceitam e acatam ideias ou ordens.
- Propõem soluções diante de problemas motores.
- Levam em consideração as propostas dos colegas.

Essas diferentes condutas podem ser incluídas em distintas ferramentas de avaliação para que sejam empregadas pelo professor (Tabela 1) ou os alunos em processo de coavaliação (Tabela 2) ou autoavaliação (Tabela 3) durante ou no final do processo.

Tabela 1 Ficha de observação do professor

Nome, sobrenome, curso e grupo:					
	Nunca	Poucas vezes	Às vezes	Quase sempre	Sempre
Pede ajuda aos colegas					
Oferece coisas ou presta ajuda aos colegas					
Comunica-se com os colegas					
Orienta os colegas					
Propõe soluções					

Tabela 2 Ficha de coavaliação

Nome, sobrenome, curso e grupo:					
	Nunca	Poucas vezes	Às vezes	Quase sempre	Sempre
Aceita e acata ideias ou ordens					
Dá explicações aos colegas					
Presta ajuda aos colegas					
Interessa-se pelos sentimentos dos outros					
Leva em consideração as ideias dos outros					

Tabela 3 Ficha de autoavaliação

Nome, sobrenome, curso e grupo:					
	Nunca	Poucas vezes	Às vezes	Quase sempre	Sempre
Ajudei meus colegas a melhorar					
Meus colegas me ajudaram a melhorar					
Participei ativamente das atividades					
Respeitei os turnos estipulados cedendo a vez					
Gostei de trabalhar desse jeito com meus colegas					

10 Mitos e falsas crenças acerca da cooperação

Muitos estudos têm mostrado que a aprendizagem cooperativa é mais eficaz do que a competitiva ou a individualista, no entanto, ela não é a mais utilizada pelos professores. Por quê? Talvez porque existam crenças errôneas sobre ela, verdadeiros mitos sem fundamento.

• **Mito 1 – As escolas devem enfatizar a competição, porque "o mundo é dos mais fortes":** pelo contrário, vivemos em um mundo onde é necessária a ajuda mútua. Se quisermos que qualquer sistema social (família, empresa, escola etc.) funcione bem, é fundamental a coordenação das ações de muitos indivíduos para metas comuns serem alcançadas. Portanto, para tornar a vida escolar mais realista, nas aulas deveriam predominar as atividades de aprendizagem cooperativa, já que, segundo diferentes estatísticas, 70-80% das funções atuais requerem uma complexa coordenação de esforços e ideias.

• **Mito 2 – Como o ser humano é competitivo por natureza, o trabalho cooperativo criará pessoas desajustadas à sociedade:** em primeiro lugar, parte-se de uma premissa questionável, já que não existe estudo algum que demonstre que o ser humano seja competitivo por natureza. Pelo contrário, há autores que defendem que o ser humano, um dos mamíferos mais indefesos da escala animal, chegou a ser o que é não apenas graças à sua inteligência, como também devido à sua capacidade de se comunicar e de se ajudar mutuamente, à sua capacidade de cooperar. Por outro lado, se recriminamos a sociedade atual por ser demasiado individualista e competitiva, o objetivo da educação deveria ser precisamente o de ajudar a corrigir esses defeitos, não o de agravá-los. Como disse Brotto (2001, p. 89): "Se competir é importante, cooperar é fundamental".

• **Mito 3 – As atividades competitivas propiciam maior rendimento individual:** uma análise de Johnson e Johnson (1990) dos efeitos causados pelas abordagens dos professores na aprendizagem permite concluir que as situações que implicavam intercâmbios sociais, ou seja, as competitivas em grupo e as de caráter cooperativo, eram superiores às individuais, mas que as situações de caráter cooperativo proporcionavam aprendizagem maior e melhor do que as competitivas.

• **Mito 4 – Os estudantes avançados só têm a perder trabalhando em grupos heterogêneos de aprendizagem cooperativa:** pelo contrário, a atividade metacognitiva, que supõe explicar qualquer detalhe aos colegas, leva a uma compreensão muito maior do que a que teria sido suficiente para o próprio aluno em condições normais, além de levar a um raciocínio muito mais profundo e, no final das contas, a um maior empenho.

• **Mito 5 – Cada membro de um grupo de aprendizagem cooperativa deve trabalhar o mesmo tanto e alcançar o mesmo nível de rendimento:** a contribuição de cada pessoa para a solução da tarefa pode ser diferente e requerer diferentes capacidades motoras ou intelectuais, sem que por isso uma pessoa seja mais importante do que a outra, já que todos são imprescindíveis.

• **Mito 6 – Não é bom dar uma única pontuação coletiva a todos os membros do grupo:** o trabalho cooperativo não implica necessariamente uma mesma nota para todos os componentes, mas, sim, que se pode individualizar em função do grau de esforço, participação e iniciativa de cada pessoa. Para evitar problemas, devemos assegurar que os participantes compreendam bem o sistema de recompensa coletiva. Isso supõe valorizar mais o grau de esforço do que as capacidades físicas de cada indivíduo, valorizar mais uma trajetória individual do que os dados isolados em um teste de habilidade motora. Algo que os participantes acabam preferindo, ainda que lhes exija maior esforço diário.

• **Mito 7 – As atividades competitivas são mais fáceis de avaliar:** aqui se está confundindo avaliação com qualificação, e se está identificando a qualificação com um processo de classificação segundo resultados quantificáveis que comparam os obtidos por um indivíduo com os considerados "normais", ou com os dos demais colegas. Sob essa ótica, a competição é um meio simples e rápido de dar uma nota que, no frigir dos ovos, é o objetivo da qualificação. Se entendermos a avaliação não como qualificação, mas sim como um processo contínuo e permanente, integrado ao próprio processo educativo, coerente com ele e orientado para o seu aprimoramento, percebemos que se deve valorizar todo o processo realizado e não apenas o resultado final, e que os alunos têm de participar de sua própria avaliação, como uma maneira a mais de adquirir responsabilidades, de compreender o que estão fazendo e de melhorar.

• **Mito 8 – É preciso evitar o "barulho" nas salas de aula, proibindo que os alunos falem entre si, pois eles devem prestar toda sua atenção nas palavras do professor:** tradicionalmente, sempre se considerou que a interação professor-aluno é a mais decisiva para a conquista dos objetivos educacionais, tornando-se assim a sala de aula um sistema de comunicação unidirecional (com um emissor e múltiplos receptores passivos), no qual o professor emite informações que os alunos se limitam a receber e processar. Se o que queremos é uma sociedade participativa, comunicativa, de pessoas ativas, devemos começar a trabalhá-la desde a escola. Além disso, os alunos provavelmente terão mais interesse pelo que lhes possa ser dito ou explicado por um colega, a quem veem como alguém próximo, do que pelo professor. A estrutura cooperativa pode ser de grande ajuda para o professor (e os alunos), já que cada aluno tem vários professores mais: todos os seus colegas do grupo. Dessa forma, os alunos com problemas dispõem de vários "tutores" alternativos ao professor, pois todos colaboram nas atividades de aprendizagem, ajudando-se mutuamente, para melhorar, assim, o resultado do seu grupo. O professor não deve interpretar esse tipo de atividade como uma ameaça à sua posição como um elemento-chave na sala de aula.

• **Mito 9 – A competição é necessária porque motiva as pessoas:** deveríamos nos perguntar, por exemplo: De que pessoas estamos falando? A quem motiva a competição, a todas as pessoas ou somente àquelas com expectativas razoáveis de sucesso? Uma atividade não costuma agradar aqueles que perdem ou são considerados "inaptos", que vão procurar alternativas nas quais possam se sentir competentes e apreciados. A motivação intrínseca (a atividade em si) é mais forte do que a motivação extrínseca (o resultado). Nas atividades cooperativas, o elemento motivador é o desafio, a própria atividade pela simples dificuldade que ela pressupõe. Em compensação, na competição o que motiva costuma ser o resultado, vencer.

• **Mito 10 – As atividades competitivas se adaptam melhor aos indivíduos problemáticos:** A que tipo de pessoas estamos nos referindo? Àquelas que têm problemas para se relacionar com as demais? Às que rejeitam a Educação Física porque as suas experiências anteriores foram frustrantes? Àquelas que têm necessidades educativas especiais? Este mito representa aqueles indivíduos que desenvolvem comportamentos disruptivos frente a qualquer proposta motora em que não se destacam. As atividades competitivas não solucionam o problema do aluno ou do grupo, solucionam o problema do professor. Agora, cabe perguntar a que custo. Certo é que uma alta porcentagem dessas pessoas se destaca em propostas individuais ou competitivas, e é interessante que, de vez em quando, tenham experiências positivas que reforcem a sua autoestima. O fato de trabalhar com atividades competitivas promove o sentimento de protagonismo de tais indivíduos, que começam a se sentir superiores aos demais, embora o façam à custa de que outros experimentem sentimentos negativos, de fracasso. Podemos oferecer alternativas aos alunos que se destacam de modo a continuarem a se destacar, porém, não confrontando os demais, e, sim, encorajando os que têm mais dificuldades a superá-las com a sua ajuda. Em contrapartida, diante de outro tipo de problema, por exemplo, o de uma criança com autismo, as atividades competitivas geram graves inconvenientes que dificultam a sua integração no grupo. O fato de que a sensação de sucesso ou fracasso venha definida por um resultado que seja o de superar os outros, implica que a culpa pelos fracassos sempre recai sobre os mesmos indivíduos, os que apresentam maior dificuldade; por outro lado, as felicitações pelo sucesso também tendem a recair sobre as mesmas pessoas, as que se destacam. O trabalho através de atividades de cooperação faz com que o sucesso ou o fracasso seja compartilhado pelo grupo, o que favorece que os mais capazes ajudem aqueles que têm mais dificuldade em superar o objetivo da atividade. Dessa forma, promove-se a comunicação, as relações pessoais, a empatia e um clima positivo de grupo, que permite que alunos de diferentes condições e capacidades físicas sejam capazes de trabalhar juntos para superar uma dificuldade comum.

• **Mito 11 – Todos podem obter sucesso em situações competitivas se se esforçarem bastante:** pelo contrário, devido à estrutura da atividade competitiva, é impossível que todos ganhem: apenas alguns podem ser "os melhores". Para cada vencedor deve haver pelo menos um vencido, e os vencidos quase sempre são os mesmos, costumam repetir-se...

• **Mito 12 – O esporte tem valores positivos como esforço, autossuperação, autocontrole, disciplina, resiliência...:** esses benefícios também podem ser alcançados por meio de atividades cooperativas, com a diferença de que os problemas que a competição pode causar são evitados. Além disso, dá-se uma importância maior ao fato de se unir o esforço individual com os das pessoas ao redor, a fim de se alcançar um objetivo comum. Também é possível ensinar a ganhar e a perder por meio de atividades cooperativas, pois o objetivo definido pode ser alcançado ou não, dependendo do trabalho do grupo. A diferença é que, em jogos competitivos, para alguém ganhar o outro necessariamente tem de perder. Em jogos cooperativos, no entanto, um indivíduo só ganha se todos ganham, ou perde se todos perdem: em outras palavras, ou todos ganham ou todos perdem. Se uma equipe adversária é substituída por um desafio, um elemento não humano, surge uma dificuldade a ser superada, porém, com o trabalho de TODOS.

11 Considerações finais

Muitos profissionais costumam se questionar se devem trabalhar exclusivamente com métodos cooperativos ou se é preferível combiná-los com aprendizagens competitivas e individualistas. Acreditamos que as três estruturas devem ser utilizadas, uma vez que os indivíduos precisam aprender como elas funcionam e como eles se sentem em cada situação.

Concordamos com Johnson e Johnson (1990) ao considerarem que não rejeitam completamente a competição, e, sim, a concorrência inadequada, e a maior parte da competição em contextos educativos é inadequada. A Educação Física deve ensinar os alunos a competir de maneira apropriada, já que na realidade diária terão de fazê-lo. Pensamos que isso é muito mais fácil de ser alcançado quando os alunos já experimentaram e apreciaram as vantagens que envolvem as atividades cooperativas, que podem ajudar a situar a vitória e a derrota em seu nível real de importância. Talvez, a melhor maneira de ensinar a competir "de outra forma" passe por primeiramente aprender a cooperar e conseguir que os alunos conheçam os efeitos negativos que podem resultar de cada uma dessas estruturas em si mesmos e em seus colegas.

Acreditamos que a cooperação é a solução perfeita para todos os problemas da educação? Não, longe disso, porém, é uma ferramenta metodológica valiosa que pode mudar profundamente as nossas aulas. Para nós, a cooperação não é apenas um recurso, uma vez que se baseia em uma visão mais ampla da educação: é uma maneira de compreender o mundo e as relações humanas em termos de igualdade e não de marginalização ou imposição, onde as relações que desejamos promover entre os nossos alunos sejam sem comparação ou confronto, e, sim, com participação e ajuda.

Por isso, pensamos que as atividades cooperativas criam um espaço onde a tolerância, a solidariedade e o diálogo são incentivados com base no respeito e na igualdade. Uma atmosfera de convivência e desenvolvimento das capacidades humanas em que cada um pode crescer como pessoa e indivíduo social, sentir-se amado e valorizado pelos seus colegas, permitindo, assim, o desenvolvimento de valores supremos como a paz e a liberdade.

12 Nota prévia às atividades: organização da sequência de aprendizagem

Antes de passarmos para o desenvolvimento das atividades que apresentamos neste livro, acreditamos que possa ser útil falar um pouco sobre as diferentes maneiras de estruturá-las na prática diária. Dissemos anteriormente que essas atividades se prestam a diferentes modelos de intervenção. A avaliação pode se referir à capacidade ou à habilidade na execução motora, segundo critérios previamente determinados, ou escolher o esforço e as habilidades sociais como elementos fundamentais a serem analisados. Da mesma forma, é perfeitamente possível estruturar cada aula dentro do cronograma do ano letivo seguindo-se uma sequência linear de aprendizagem completamente determinada de antemão até os seus mais ínfimos pormenores.

Acreditamos, no entanto, que se o que se deseja é um participante ativo, criativo, crítico e independente, pode-se e deve-se dar espaço a ele no processo de ensino a fim de que sua particular maneira de ser, seus interesses e sua capacidade de criar sejam revelados nas aulas.

Nisso nos pode ser útil a noção de "improvisação" de Marcelino Vaca (1987). Para nós, pode ser muito interessante chegar à aula com uma sequência de atividades não totalmente definida, e, sim, com um grande número de atividades preparadas que podemos ir propondo à medida que verificamos a evolução da sessão. Dessa forma, podemos ver que direção os alunos vão tomando na atividade: que perguntas eles fazem, que possibilidades sugerem... e encaminhar as atividades seguintes na direção que a espontaneidade deles apontar.

Assim, são os participantes que determinam em grande parte o andamento da aula e do curso, sempre dentro das diretrizes propostas pelo professor em cada momento. Adaptamos as atividades aos participantes, em vez de adaptar os participantes às atividades, para que possamos dar uma melhor resposta para a sua motivação e interesses.

Em um nível posterior, pode-se introduzir a intervenção reflexiva dos participantes: como já dissemos, em um nível mais elevado de trabalho da criatividade, muitas atividades podem nascer da iniciativa dos próprios alunos, diante das propostas abertas pelo professor.

Devemos observar que esta forma de trabalhar de maneira nenhuma libera os professores de preparar suas aulas, nem faz com que os participantes dirijam as sessões sem qualquer outro controle. Pelo contrário, essa abordagem é muito mais trabalhosa, já que o docente precisa preparar um grande número de atividades, muitas das quais nem chegam a ser usadas. Além disso, é preciso que ele traga memorizadas todas essas atividades para colocá-las em prática conforme a evolução da aula. Geralmente também é aconselhável ir analisando quais atividades podem corresponder de maneira mais adequada às diferentes propostas ou demandas dos participantes, pelo menos as mais habituais. Assim, por um lado, procura-se orientar a atividade na direção que acreditamos ser necessária, e, por outro, extrair o máximo dos participantes.

Portanto, pensamos que dar espaço aos participantes no planejamento da aprendizagem pode aumentar notavelmente o seu interesse e participação, já que, no final das contas, são eles que estão conduzindo a aula. Ao "se fazer o caminho ao andar" se reforçam o desejo de aprender e o interesse pela matéria (a curiosidade epistêmica), resultando num aumento da dedicação e do empenho dos alunos, que, além disso, dá-se independente da figura do docente, ou seja, estamos criando e fomentando hábitos que permanecerão em sua vida diária, quando já estiverem longe das vistas do professor.

Por último, é importante ressaltar que por procurarmos ser cuidadosos com o vocabulário é que falamos de "atividades" cooperativas, e não apenas de "jogos" cooperativos. Com isso, queremos dizer que muitas dessas atividades podem funcionar como jogos, em um contexto lúdico, mas, também, podem ser integradas a outros ambientes de aprendizagem. A utilidade do jogo como ferramenta educacional é indiscutível, porém, em contextos de trabalho com pessoas mais velhas é útil para o professor saber que pode apresentar essas atividades de outras maneiras, não necessariamente como jogos. O professor pode escolher a forma que julgue ser a mais compatível com a sua linha educacional ou com sua maneira particular de ensino, ou, simplesmente, a mais conveniente no momento.

Finalmente, gostaríamos de salientar que as atividades e os jogos apresentados neste livro foram testados na prática e, portanto, encaixam-se perfeitamente tanto em contextos educativos formais vinculados ao primário, secundário ou universidade, bem como em contextos educativos considerados menos formais, tais como recreação, lazer e iniciação desportiva. Na verdade, o uso de jogos cooperativos teve lugar, primeiramente, no âmbito de acampamentos, oficinas e atividades desenvolvidas em tempo livre e de lazer, e, por isso, o seu uso é especialmente recomendado nesses ambientes. Por fim, é bom lembrar que, como os jogos e as atividades cooperativos também envolvem um elemento dinamizador em qualquer evento, eles são muito valiosos em dinâmicas de grupo, trabalhos de coesão grupal ou atividades de conhecimento.

2
Atividades introdutórias

2.1 DUPLAS

Espaço: Interno ou externo.

Materiais: Nenhum.

Descrição: O grupo inicia a atividade sentando-se em círculo. Ao sinal, os participantes devem se dividir em duplas, mas devem escolher um colega com quem menos tenham familiaridade. Então, durante mais ou menos cinco minutos, os integrantes das duplas fazem perguntas entre si, para se conhecerem melhor. Eles devem recordar essas informações, já que voltarão a se sentar em círculo ao lado do colega que acabaram de conhecer, para que se apresentem mutuamente para todo o grupo.

Variações: Em vez de dividir o grupo em duplas, podemos fazê-lo em grupos menores. Então, um integrante de cada grupo escreve em uma folha de papel as características que o definem. Em seguida, os grupos trocam as folhas entre si, e aí cada um deles deve tentar adivinhar a qual integrante do outro grupo corresponde a descrição na folha de papel.

Observações: É muito importante que os integrantes das duplas não se conheçam direito, caso contrário, a brincadeira toda perde o significado.

Fonte: Baseado em vários autores.

2.2 SAUDAÇÃO

Espaço: Interno ou externo, desde que amplo.

Materiais: Nenhum.

Descrição: O grupo começa a caminhar pela área da atividade. Ao sinal, cada participante se apresenta à primeira pessoa que encontra, estendendo a mão para cumprimentá-la, e, depois de feitas as apresentações, volta a caminhar pela área da atividade. O sinal é repetido várias vezes para que cada pessoa se apresente e cumprimente as várias pessoas do grupo.

Variações: Ao próximo sinal, como os participantes já se apresentaram e já se conhecem, agora eles poderiam se abraçar, como se não se vissem há muito tempo. É possível também trabalhar a atividade livremente, sem a necessidade de um sinal para que os alunos se apresentem, cumprimentem ou abracem os colegas que forem encontrando.

Observações: O professor deve zelar para que prevaleça um clima amistoso entre os colegas, sem que haja qualquer tipo de discriminação.

Fonte: Baseado em vários autores.

2.3 CHAMANDO PELO NOME

Espaço: Interno ou externo.

Materiais: Bolas de diferentes tamanhos e texturas.

Descrição: O grupo forma um círculo. Um dos alunos segura uma bola na mão e diz seu nome em voz alta, para que todos os seus colegas o ouçam, antes de lançar a bola à pessoa que está à sua esquerda. Aquele que recebe a bola faz o mesmo, e assim sucessivamente, até que a bola retorne ao participante que iniciou a atividade. A partir daí, uma vez que os nomes de todos os integrantes já foram ditos em voz alta, ele chama qualquer um do círculo e lança-lhe a bola; aquele que a recebe faz o mesmo, e assim por diante.

Variações: Os alunos podem buscar por diferentes formas de lançar a bola com a mão. Além disso, num momento posterior na brincadeira, a pessoa que recebe a bola pode também ter de dizer o nome do colega que a lançou. Por fim, em vez de lançar a bola com as mãos, podemos pedir para que os participantes o façam com o pé.

Observações: É fundamental que o colega que irá receber a bola esteja em contato visual com aquele que irá lançá-la, para evitar acidentes. Se ele não estiver olhando, o outro não poderá lançar a bola. Se por acaso um aluno não lembrar do nome de um colega, ele deve perguntar-lhe antes de chamá-lo para lhe lançar a bola.

Fonte: Baseado em Burrington et al.

2.4 NOMES CRONOMETRADOS

Espaço: Interno ou externo.

Materiais: Nenhum.

Descrição: O grupo inicia a atividade formando um círculo. Cada participante vai dizendo seu nome em voz alta por ordem de posição. O objetivo da atividade é cronometrar quanto tempo leva para todos no grupo dizerem seus nomes. Repetimos a atividade algumas vezes. Então, perguntamos ao grupo como esse tempo poderia ser melhorado, testando e adotando as soluções encontradas.

Variações: É possível adotar, por exemplo, as seguintes soluções para melhorar o tempo: abreviar os nomes, não mover a cabeça ao dizer um nome...

Observações: Devemos evitar que os alunos culpem algum colega, caso o grupo obtenha um tempo "ruim".

Fonte: Baseado em Burrington et al.

2.5 CHAMADA

Espaço: Interno ou externo.

Materiais: Nenhum.

Descrição: O grupo fica em pé, formando um círculo de aproximadamente dez passos de diâmetro. Uma pessoa do grupo caminha diretamente até um colega dizendo em voz alta o nome dele, e esse colega, por sua vez, deve rapidamente buscar por outra pessoa no círculo e fazer o mesmo, ou seja, caminhar em direção a ela e dizer em voz alta seu nome, e assim sucessivamente, até que haja vários participantes movimentando-se no interior do círculo.

Variações: Uma vez realizada a atividade e os alunos tendo já se familiarizado com o mecanismo do jogo, cada um dos participantes poderia cumprimentar e se apresentar às pessoas que foram chamando enquanto se cruzavam no círculo.

Observações: O professor deve zelar para que não haja discriminação contra nenhum colega.

Fonte: Baseado em Rohnke, K.

2.6 CONEXÃO VISUAL

Espaço: Interno ou externo.

Materiais: Nenhum.

Descrição: Os participantes formam um círculo de modo que seus ombros fiquem em contato. Todos os jogadores devem olhar diretamente uns nos olhos dos outros, mantendo absoluto silêncio durante toda a atividade. O objetivo é "conectar-se" com os colegas, olhando-os nos olhos. Quando duas pessoas mantêm os olhares fixos uma na outra durante alguns segundos, significa que essas duas pessoas "criaram uma conexão". Sem dizer coisa alguma, as duas pessoas "conectadas" devem trocar de posição uma com a outra dentro do círculo. Os alunos devem tentar "conectar-se" com o maior número possível de colegas, porém, sem repetir as "conexões".

Variações: Os alunos poderiam piscar um olho para "conectarem-se" e trocarem de lugar.

Observações: Os alunos estão proibidos de falar durante a atividade, mas podem rir, já que o riso é uma boa forma de eliminar o acanhamento e/ou a tensão que se acumula. É preciso dar passagem quando os alunos se cruzarem durante a troca de posições e manter sempre o círculo unido cada vez que isso acontecer, abrindo espaço para as pessoas que estão trocando de posição.

Fonte: Baseado em Orlick, T.

2.7 ENCARADAS

Espaço: Interno ou externo.

Materiais: Nenhum.

Descrição: Os participantes formam um círculo de modo que seus ombros fiquem em contato, e devem permanecer em silêncio durante toda a atividade. Ao sinal do professor de "para baixo", todos devem olhar para o chão; ao sinal de "para cima", todos devem olhar nos olhos de um participante do círculo.

Se duas pessoas encararem-se mutuamente, marcamos um ponto negativo para cada uma delas. O processo vai se repetindo. O objetivo da atividade é ver quantos pontos negativos obtém o grupo todo num determinado número de rodadas.

Variações: Outra possibilidade, também, é criar um novo grupo com os alunos cujos olhares se encontraram, o que tornaria a atividade mais frenética, tornando o objetivo do jogo tentar permanecer no grupo inicial o máximo de tempo possível.

Observações: É importante que cada pessoa seja responsável por suas ações, evitando qualquer tipo de descumprimento das regras.

Fonte: Baseado em Rohnke, K.

2.8 CORES

Espaço: Interno ou externo.

Materiais: Nenhum.

Descrição: Os participantes se movimentam por toda a área da atividade, enquanto escolhem uma cor, o azul ou o vermelho, sem revelar a ninguém sua escolha. Ao sinal, os alunos formam duplas com o colega que estiver à sua frente naquele momento. Cada dupla conta até três e seus dois integrantes dizem em voz alta e ao mesmo tempo a cor que escolheram. Se as cores da dupla coincidirem, os integrantes se abraçam para celebrar a coincidência. Caso contrário, apertam as mãos respeitosamente e continuam movimentando-se pela área da atividade. Os participantes devem formar duplas com pessoas diferentes a cada rodada.

Variações: Realizar a atividade em grupos de três ou quatro pessoas.

Observações: Nenhum participante pode ficar sozinho ou isolado ao realizar a atividade, portanto, às vezes é necessário formar trios ou deixar que um aluno realize a atividade várias vezes com diferentes colegas a cada vez.

Fonte: Baseado em Kasser, S.L.

2.9 CONDUZINDO O COLEGA

Espaço: Interno ou externo, desde que amplo.

Materiais: Qualquer um de que se possa dispor e/ou introduzir na área da atividade.

Descrição: Os participantes formam duplas para dar início à atividade. Um dos integrantes deve "conduzir" ou guiar seu parceiro por toda a área do jogo, segurando-o pela orelha, porém, sem machucá-lo. O objetivo é demonstrar a nossos colegas que somos capazes de realizar a atividade sem causar danos ao parceiro e que pode haver confiança uns nos outros. Após algum tempo de "condução", as duplas invertem os papéis.

Variações: Os alunos podem ir alternando as partes do corpo pelas quais conduzem os colegas: cabelo, pescoço, dedo, nariz... A pessoa que está sendo "conduzida" deve manter os olhos fechados.

Observações: As duplas vão sempre se alternando depois que ambos os integrantes tenham conduzido um ao outro. Durante o "passeio", os alunos podem fazer com que os colegas executem variadas habilidades motoras ou explorem os diferentes recantos da área da atividade. É muito importante tratar com carinho o colega que estamos "conduzindo".

Fonte: Desconhecida.

2.10 BOLA AO AR

Espaço: Interno ou externo, desde que amplo.

Materiais: Bolas de diferentes tamanhos.

Descrição: Formam-se grupos de sete ou oito pessoas. Cada grupo forma um círculo e um aluno fica no centro com uma bola na mão. Ao sinal, esse aluno grita o nome de um de seus colegas e, ao mesmo tempo, lança a bola para cima, bem alto. O colega chamado, então, tem de apanhar a bola antes que ela atinja o chão, e, assim que o fizer, o restante do grupo deve imediatamente rodeá-lo e abraçá-lo. O jogo continua dessa forma até que todos tenham lançado e apanhado a bola várias vezes.

Variações: Os alunos podem gritar o nome de dois ou mais colegas, e eles teriam de apanhar a bola ou as bolas e ser rodeados pelo restante do grupo.

Observações: O objetivo da atividade é fazer com que todos os participantes sejam rodeados e abraçados por seus colegas, sem que haja qualquer discriminação, para sentir o amor e o carinho dos demais.

Fonte: Original.

2.11 OMBRO A OMBRO

Espaço: Interno ou externo.

Materiais: Nenhum.

Descrição: Os participantes, em grupos de cinco a sete pessoas, ficam em pé formando um círculo, de modo que estejam em contato uns com os outros pelos ombros. Além disso, devem permanecer com os braços abaixados ao longo do corpo. O objetivo da atividade é ir afastando os pés para trás, em direção ao exterior do círculo, de forma que os integrantes tenham de apoiar-se uns nos outros cada vez mais pelos ombros, sem contar com a ajuda das mãos ou dos braços para manter o círculo. Quando a inclinação dos corpos estiver bastante acentuada, podemos propor que os alunos ergam os olhos para olharem uns para os outros, sem desmanchar a posição.

Variações: Podemos pedir a algum jogador do grupo que levante uma de suas pernas quando o grupo estiver numa posição bastante inclinada, para ver quantas pernas os integrantes são capazes de levantar sem romper o círculo.

Observações: Muito cuidado para que ninguém se machuque.

Fonte: Baseado em Rohnke, K.

2.12 PIPOCA

Espaço: Interno ou externo, desde que amplo.

Materiais: Nenhum.

Descrição: Os participantes se movimentam livremente pela área de jogo. Ao sinal, todos começam a saltar com os braços unidos ao longo do corpo. Quando duas pessoas se tocarem, elas devem ficar "presas" uma à outra, continuando então a saltar, agora de mãos dadas. O objetivo do grupo é continuar saltando até que todos estejam unidos pelas mãos.

Variações: Para tornar a atividade mais interessante, ela pode ser acompanhada por música.

Observações: Todos devem ser incluídos na atividade.

Fonte: Baseado em Orlick, T.

2.13 NOMES

Espaço: Interno ou externo.

Materiais: Nenhum.

Descrição: Todos os participantes fecham os olhos e afastam-se uns dos outros com passos curtos o máximo que puderem. Quando estiverem bem separados, um dos alunos abre os olhos, vai até um colega, toca-lhe o ombro e diz o nome dele em voz alta. Este, por sua vez, abre os olhos e busca outra pessoa próxima para tocar-lhe o ombro e dizer seu nome em voz alta, e assim por diante. O aluno que toca o ombro do outro deve se sentar depois de fazê-lo para indicar àqueles que vão abrindo os olhos que eles devem buscar outro colega, pois aquele já foi tocado no ombro e chamado pelo nome. O objetivo do grupo é tentar completar a tarefa no menor tempo possível.

Variações: Quando um aluno toca alguém no ombro e diz seu nome em voz alta, em vez de se sentar e o outro continuar individualmente, eles poderiam dar as mãos e seguir tocando mais colegas até unir todos em uma única e comprida cadeia.

Observações: Devemos incluir todos na atividade, sem deixar ninguém de fora ou isolado.

Fonte: Baseado em Rohnke, K.

2.14 "TWISTER" ADAPTADO

Espaço: Interno ou externo.

Materiais: Nenhum.

Descrição: Os participantes devem posicionar-se muito próximos uns dos outros porque vão precisar dos colegas para essa tarefa. O objetivo é seguir as instruções que um dos alunos vai dando, procurando evitar que alguém caia no chão. Por exemplo: (1) com a mão direita, todos devem tocar em algum objeto da cor azul (os alunos devem sempre tocar em algo que não esteja neles mesmos); (2) sem deixar de tocar esse objeto azul, com a outra mão toquem em algo amarelo; (3) agora, tocar com o joelho alguma coisa verde; (4) vermelho com a cabeça... E assim vão se alternando as cores.

Variações: Podemos pedir que os participantes toquem somente uma cor de cada vez, sem que tenham que manter "tocada" a cor anterior. Além disso, também é possível nomear as partes do corpo que devem ser tocadas, por exemplo, o ombro com o polegar...

Observações: Com os meninos e meninas mais velhos deve-se trabalhar também o máximo respeito na hora de tocar as pessoas.

Fonte: Baseado em Bantulá, J.

2.15 QUEM É?

Espaço: Interno ou externo.

Materiais: Um cobertor ou toalha.

Descrição: Os participantes formam grupos de quatro e se posicionam de lados opostos de uma toalha estendida no chão. Com os dois grupos de costas um para o outro, os alunos de ambos os lados escolhem um colega entre seu  respectivo grupo para se sentar, de costas para a toalha. Deste modo, as duas pessoas de ambos os grupos que estão sentadas de costas para a toalha não têm como saber quem é o integrante da equipe oposta que está sentado, já que não pode vê-lo. Os demais jogadores viram-se de frente para a toalha. O objetivo da tarefa para o grupo é fazer com que o colega que está sentado de costas adivinhe quem é a pessoa do outro grupo sentada do outro lado. Para isso, os outros integrantes de ambos os grupos vão enumerando, uma por uma, as características da pessoa do outro grupo sentada do outro lado, para que seu colega consiga adivinhar quem é.

Variações: Mesma coisa, só que com um objeto. Pode ser também por mímica, sem falar.

Observações: Só se pode dizer características positivas das pessoas, não seus aspectos negativos.

Fonte: Baseado em Burrington et al.

2.16 ESPIRAL HUMANA

Espaço: Interno ou externo, desde que amplo.

Materiais: Nenhum.

Descrição: O grupo forma uma corrente com as mãos dadas, porém não a fecha, deixando suas duas extremidades livres. Uma pessoa que está numa extremidade começa a enrolar-se sobre si mesma até o colega ao lado, que vai se enrolando em direção ao restante 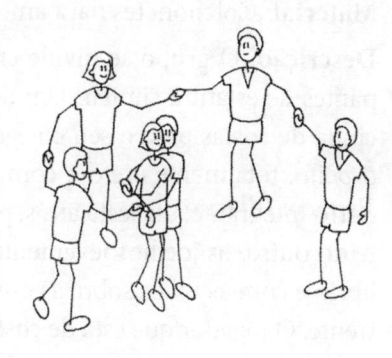 do grupo até que, finalmente, forma-se uma espécie de grande espiral na qual todo o grupo está unido. O objetivo da atividade para o grupo é desenrolar toda a espiral até formar a corrente original, sem deixar de soltar as mãos em momento algum, sendo que o participante que dá início ao desenrolar deve ser o mesmo que começou a enrolar, ou seja, aquele que está situado no centro da espiral e deve encontrar um jeito de sair.

Variações: Quando todos já tiverem formado a espiral, o primeiro poderia soltar-se do segundo quando estiver no centro da espiral e sair de lá por onde conseguir, por exemplo, por baixo das pernas de seus colegas. Então, o segundo faz o mesmo, mas por um caminho diferente, e assim sucessivamente o restante dos colegas. Outra ideia: quando todos tiverem formado a espiral, os alunos devem fechar os olhos, soltar as mãos e levá-las ao alto, para, em seguida, apanhar outras mãos, mantendo ainda os olhos fechados. Uma vez que todos estiverem de mãos dadas, eles devem abrir os olhos e soltar uma das mãos que os unem. Em seguida, todo o grupo começa a desenrolar a corrente sem soltar a outra mão.

Observações: Essa atividade deve ser desenvolvida com muito cuidado para evitar que alguém se machuque.

Fonte: Baseado em vários autores.

2.17 QUEDA DE CONFIANÇA

Espaço: Interno ou externo.

Material: Colchonetes para amortecer possíveis quedas.

Descrição: O grupo se divide em duplas, separado por participantes de estatura similar. Um dos integrantes da dupla se posiciona de costas para o seu colega com os braços cruzados sobre o peito, totalmente ereto e com os joelhos e quadris rígidos. O outro integrante, que está atrás, posiciona-se com um pé na frente do outro, os joelhos levemente dobrados para manter o equilíbrio e com as mãos sobre as omoplatas do colega que está à sua frente. O jogador que está de costas, então, diz: "Você está pronto para me segurar?", e o outro responde: "Estou pronto". Então, o primeiro diz: "Vou cair", e o detrás fala: "Cai". O da frente larga o corpo e é amparado pelo que está atrás, que não permite que ele se machuque. Depois de um tempo, a dupla inverte os papéis.

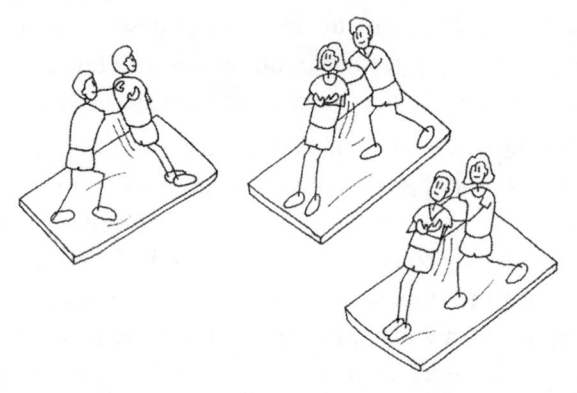

Variações: Conforme a confiança é construída entre as duplas e o integrante que segura vai desenvolvendo o trabalho de apoio e proteção para controlar a queda, a distância entre os integrantes da dupla poderia ir aos poucos aumentando.

Observações: Devemos demonstrar ao colega que ele pode confiar em nós, que não vamos deixá-lo se machucar e que nada de ruim vai acontecer.

Fonte: Baseado em Burrington et al.

2.18 PISTA DE OBSTÁCULOS HUMANOS

Espaço: Interno ou externo, desde que amplo.

Material: Pode ser feito sem qualquer material, mas a atividade pode se tornar mais rica se forem incluídos objetos como bastões, bancos suecos, bolas, bambolês, cadeiras, mesas...

Descrição: Dividimos o grupo em duplas. O objetivo de cada dupla é criar um obstáculo com seus próprios corpos para que os demais colegas os transponham. Primeiro, a partir das habilidades motoras que cada um queira empregar, e, depois, conforme indicado pela dupla que criou o obstáculo.

Variações: No momento de transpor os obstáculos humanos poderia ser proibido tocar em qualquer participante que os formem. Os alunos também poderiam ter de transpor os obstáculos em duplas, trios ou grupos maiores, sempre de mãos dadas. Ao mesmo tempo, poderia ser introduzido na atividade todo tipo de materiais, como bancos suecos ou cadeiras para tornar os obstáculos mais interessantes.

Observações: O professor deve estimular a criatividade de seus alunos e motivá-los adequadamente para que obtenham o melhor de si.

Fonte: Baseado em Grineski, S.

2.19 AJUDANDO OS OUTROS

Espaço: Interno ou externo, desde que amplo.

Material: Bolinhas de malabares ou qualquer outro objeto que possa ser equilibrado sobre a cabeça.

Descrição: Todos os participantes colocam uma bolinha de malabares ou qualquer outro objeto sobre a cabeça e começam a movimentar-se livremente pela área de jogo. O objetivo da atividade é desenvolver toda sorte de ações motoras: giros, saltos, transpor diferentes obstáculos... O participante que deixar cair a bolinha ou objeto no chão deve permanecer imóvel até que um colega o apanhe e o coloque de volta em sua cabeça para que retorne à atividade. Esse colega também deve evitar que seu próprio objeto caia no chão no processo.

Variações: Poderia ser solicitado aos participantes que realizem outras atividades enquanto mantêm os objetos sobre suas cabeças: corridas, revezamentos...

Observações: Os participantes devem procurar fazer com que ninguém fique excluído da atividade em momento algum, ou seja, sem um objeto sobre a cabeça.

Fonte: Baseado em Orlick, T.

2.20 PASSE A BOLA

Espaço: Interno ou externo, desde que amplo.

Material: Bolas de diferentes tamanhos.

Descrição: Os participantes posicionam-se sentados formando um círculo com suas pernas abertas, de modo que as solas de

seus pés estejam em contato com as solas dos pés de seus colegas. O objetivo da atividade é fazer circular a bola, passando-a de um participante para o outro, sem usar as mãos ou os braços, e não permitindo que a bola caia ou toque no chão.

Variações: Os alunos podem tentar passar a bola o mais rápido possível. Além disso, podem também ser introduzidas na atividade outras bolas, que não poderiam tocar umas nas outras. Outra variação possível seria permitir ao grupo passar a bola de diferentes maneiras.

Observações: O professor deve repreender os alunos que estiverem propositalmente tentando fazer com que o grupo não seja bem-sucedido na tarefa.

Fonte: Baseado em Luvmour, J. e Luvmour, B.

2.21 PASSEIO

Espaço: Interno ou externo, desde que amplo.

Material: Nenhum.

Descrição: O grupo começa ocupando uma área bem ampla. O objetivo da atividade é não parar de se mover em momento algum pela área delimitada, sem tocar ou topar com nenhum colega. De tempos em tempos, a área delimitada para o grupo vai sendo diminuída, o que torna necessário buscar soluções e combinar ações.

Variações: Podemos propor aos alunos que expressem diferentes habilidades motoras, tais como movimentos de vários tipos, saltos, giros... Além disso, a área poderia ser diminuída a um ponto em que a única solução seria que todos os alunos ficassem imóveis em um determinado lugar, sem deixar que expressem qualquer movimento.

Comentários: Devemos buscar que cada um dos participantes respeitem a vez do outro, deem passagem a seus colegas, responsabilizem-se pelo grupo...

Fonte: Desconhecida.

2.22 ALINHADOS

Espaço: Interno ou externo, desde que amplo.

Material: Nenhum.

Descrição: Formamos grupos de oito a dez pessoas. O objetivo da atividade é que cada grupo forme uma fileira por ordem do dia e mês de  nascimento de cada um dos integrantes. Os alunos devem se organizar comunicando-se apenas por meio da linguagem corporal, sem falarem uns com os outros.

Variações: Podemos pedir ao grupo para que se posicione por ordem de idade, para tornar a atividade mais simples; ou então pela primeira letra de seu local de nascimento, para torná-la ainda mais complicada.

Observações: É interessante observar como os participantes conseguem alcançar a solução para a tarefa.

Fonte: Baseado em Burrington et al.

2.23 PASSANDO O BAMBOLÊ

Espaço: Interno ou externo, desde que amplo.

Material: Bambolês.

Descrição: A turma se divide em grupos de cerca de seis alunos. Os integrantes de cada grupo devem dar as mãos, formando um círculo. Coloca-se, então, um bambolê sobre as mãos unidas de dois integrantes de cada grupo. O objetivo é fazer passar o bambolê por todo o círculo de pessoas que o formam sem que soltem as mãos  em momento algum e sem deixar o bambolê tocar no chão.

Variações: Podemos utilizar dois, três ou quatro bambolês no círculo. Além disso, podemos pedir aos alunos que passem os bambolês com os olhos fechados e que não se comuniquem verbalmente uns com os outros. Outra possibilidade seria posicionar os integrantes voltados para o exterior do círculo, ou fazer com que eles tenham que saltar através do bambolê, ou passá-lo primeiro por suas pernas e depois pelos seus braços. Os bambolês também poderiam ser mantidos fixos, e aí os alunos é que se deslocariam. Posturas específicas também poderiam ser determinadas para os alunos durante o curso da atividade, como as seguintes: ajoelhados, agachados, sentados ou em diferentes tipos de posição (prono, supino, decúbito inclinado)...

Observações: Não é permitido tocar os bambolês com as mãos para fazê-los circular.

Fonte: Baseado em Burrington et al.

2.24 NÓ HUMANO

Espaço: Interno ou externo, desde que amplo.

Materiais: Nenhum.

Descrição: Os participantes posicionam-se  formando um círculo de oito pessoas, de modo que todos tenham alguém localizado bem à sua frente. Todos estendem a mão esquerda em direção ao centro do círculo e pegam a mão esquerda daquele que está à sua frente. Em seguida, fazem o mesmo com a mão direita, mas com outro integrante do círculo. O objetivo da atividade é desfazer o nó de mãos e braços sem soltar-se em momento algum, até formar um círculo normal ou dois círculos separados.

Variações: A atividade poderia ser desenvolvida com um número menor de pessoas para torná-la mais fácil.

Observações: Nesta atividade, é necessário que o círculo seja formado por um número par de pessoas. Além disso, é preciso tomar muito cuidado e tratar com carinho os colegas na hora de desfazer o nó, já que os movimentos e as posições pelas quais o aluno pode passar apresentam certa dificuldade.

Fonte: Baseado em Burrington et al.

2.25 POR BAIXO DA CORDA

Espaço: Interno ou externo, desde que amplo.

Materiais: Cordas, bancos suecos, cadeiras, espaleiras...

Descrição: Dividimos o grupo em equipes de cerca de sete ou oito pessoas. O objetivo da atividade é fazer com que todos os participantes do grupo passem por baixo da corda sem tocá-la. No nível mais baixo em que a corda é posicionada, os alunos devem cruzá-la arrastando-se pelo chão. No nível intermediário ou mais alto (definido a partir da estatura de cada indivíduo), os alunos devem cruzá-la sem inclinar o corpo para frente ou para trás mais do que 45 graus em relação à vertical.

Variações: Para concluir a atividade, poderia ser permitido o uso de materiais adicionais da sala de aula como bancos suecos, cadeiras, espaleiras... ou qualquer outro. No momento de passar por baixo da corda, poderia também ser solicitado aos alunos que executassem várias tarefas ou movimentos, como os seguintes: levantar-se com um apoio, com dois, de costas, de lado...

Observações: O objetivo é que os participantes trabalhem em grupo para encontrar as melhores soluções para a atividade que lhes é proposta, e não resolver tudo na base do "cada um por si".

Fonte: Baseado em Burrington et al.

2.26 O AVIÃO

Espaço: Interno ou externo, desde que amplo.

Materiais: Nenhum.

Descrição: Dividimos o grupo em equipes de quatro ou cinco pessoas. Um dos participantes deita-se no chão de barriga para baixo, com os braços esticados para os lados em forma de cruz, e mantém-se totalmente rígido. Dois colegas posicionam-se ao lado de cada um de seus braços e o seguram pelo pulso e pelo ombro, enquanto que uma ou duas outras pessoas posicionam-se na altura de seus pés e o seguram pelos tornozelos. O objetivo da atividade é que todos os jogado-

res da equipe devem trabalhar simultaneamente para erguer a pessoa do chão, movê-la para outro lugar e deitá-la no chão novamente sem causar-lhe qualquer dano. Em seguida, os papéis vão se alternando.

Variações: Os alunos podem transportar o colega em alta velocidade (mas com muito cuidado) ou então deslocá-lo bem próximo ao chão. Além disso, o aluno também poderia ser carregado de barriga para cima sobre os ombros de seis colegas.

Observações: Muito cuidado ao realizar esta atividade.

Fonte: Baseado em Orlick, T.

2.27 PASSEIO LUNAR

Espaço: Interno ou externo, desde que amplo.

Materiais: Nenhum.

Descrição: Dividimos o grupo em equipes de três pessoas. Um dos participantes coloca as mãos na cintura. Os outros dois alunos devem segurar o corpo do colega que está nessa posição, posicionando as mãos em seus cotovelos e ombros (ou em qualquer outra parte do corpo). O objetivo da ativi-

dade é fazer com que a pessoa que está no centro tente saltar o mais alto que puder e seus colegas o ajudem a subir o máximo possível. Ao mesmo tempo, eles também devem ajudá-lo a descer lenta e pausadamente, como se seu corpo estivesse sendo menos afetado pela gravidade.

Variações: Se houver disponibilidade de uma corda pendurada no teto, os alunos podem tentar fazer com que o colega que é elevado faça uso da corda para subir ainda mais.

Observações: Muita precaução.

Fonte: Cascón, P. e Martín, C.

2.28 ENCHENDO A CESTA

Espaço: Interno ou externo, desde que amplo.

Materiais: Todos os tipos de bolas e bolinhas e uma caixa ou cesta.

Descrição: Dividimos o grupo em duas grandes equipes que se posicionam em ambas as extremidades do campo de jogo. Uma das equipes deve lançar as bolas disponíveis para a outra extremidade. Cada bola que os participantes da outra equipe conseguem apanhar no ar deve ser jogada dentro da caixa. No entanto, se não conseguem evitar que as bolas entrem em contato com o chão, eles devem devolvê-las à outra equipe. A atividade prossegue até que todas as bolas estejam reunidas na caixa. O objetivo de todo o grupo é realizar a atividade no menor tempo possível.

Variações: Os alunos podem realizar um determinado percurso antes de colocar cada bola na caixa.

Comentários: Todos devem trabalhar para o sucesso do grupo.

Fonte: Baseado em Kasser, S.L.

2.29 FORMANDO PALAVRAS

Espaço: Interno ou externo.

Materiais: Cartões com letras e asteriscos escritos neles.

Descrição: Cada partici- pante recebe um cartão. Quatro cartões devem ter um asterisco desenhado, enquanto que o restante deles deve ter uma letra qualquer do alfabeto es- crita neles. O objetivo da atividade é formar o má- ximo de palavras possível  num determinado tempo, organizando as letras dos participan- tes. Um detalhe: não é permitido falar durante a atividade.

Variações: Podemos pedir aos participantes que formem pala- vras de algum tipo, por exemplo, com um determinado número de letras ou relacionadas a algum assunto específico.

Observações: O asterisco é muito valioso, já que funciona como um curinga que vale por qualquer letra. Por conta disso, é acon- selhável entregar os cartões de asterisco àqueles alunos que têm dificuldade de se relacionar.

Fonte: Baseado em Burrington et al.

2.30 ESTACIONANDO

Espaço: Interno ou externo, desde que amplo.

Materiais: Bambolês e um aparelho de som.

Descrição: Os bambolês são dispostos no chão, espalhados por toda a área da atividade. Enquanto a música toca, todos os participantes devem caminhar sem parar e sem tocar um no outro. Quando a música para, cada aluno deve entrar em um bambolê. Toda vez que a música parar, um bambolê é eliminado da área da atividade. O objetivo do grupo é compartilhar os bambolês entre todas as pessoas, até que reste apenas um deles para ser compartilhado entre todos.

Variações: Alterar a forma de se deslocar enquanto a música toca: aos pulos, de quatro, rastejando...

Observações: Embora essa atividade possa ser desenvolvida com qualquer tipo de aluno, ela é mais adequada às crianças menores.

Fonte: Baseado em Kasser, S.L.

2.31 BATENDO UM BOLÃO

Espaço: Interno ou externo, desde que amplo.

Materiais: Bolas gigantes.

Descrição: O grupo todo se deita de barriga para baixo, formando um círculo com uma bola gigante no centro. O objetivo da atividade é tentar empurrar a bola com as mãos para mantê-la em movimento, evitando, ao mesmo tempo, encostá-la na cabeça dos outros participantes.

Variações: Podemos ir introduzindo mais bolas gigantes. Além disso, a atividade também poderia ser desenvolvida com os alunos deitados de barriga para cima, mantendo a bola no ar com toques dos braços e das pernas.

Observações: As bolas gigantes podem ser muito empolgantes, mas também perigosas em determinados momentos.

Fonte: Baseado em Kasser, S.L.

2.32 SOLDADINHOS DE CHUMBO

Espaço: Interno ou externo, desde que amplo.

Material: Bolas de espuma.

Descrição: Dividimos o grupo em duplas. Um dos integrantes da dupla assume o papel de soldadinho de chumbo, ficando imóvel em seu lugar, enquanto o outro deve suavemente atirar bolas nele, de modo que atinjam somente suas pernas. Quando o arremessador atinge seu alvo da primeira vez, o soldadinho de chumbo "toma vida" e começa a caminhar lentamente para longe do colega; quando é atingido pela segunda vez, ele para no lugar e volta novamente a ficar imóvel. Essa dinâmica de trabalho é repetida até que se alcance uma determinada área do jogo.

Variações: Toda vez que o soldadinho de chumbo for atingido pela bola ele só poderá fazer um único movimento para frente.

Ou o soldadinho de chumbo ficaria parado e toda vez que a bola de espuma atingisse seu corpo, a única parte que ele poderia movimentar seria a parte atingida pela bola.

Observações: Muito cuidado na hora de lançar as bolas.

Fonte: Baseado em Kasser, S.L.

2.33 A ROCHA

Espaço: Interno ou externo, desde que amplo.

Materiais: Carcaças de pneus.

Descrição: Dividimos o grupo em equipes de oito, cada uma delas com uma carcaça de pneu. O objetivo de cada grupo é encontrar diferentes formas de todos os seus integrantes se manterem em cima do pneu durante cinco segundos sem tocar o chão.

Variações: Podemos aumentar ou diminuir o número de pessoas em cada pneu para tornar a atividade mais fácil ou mais difícil.

Observações: Se algum participante tocar o chão, usar linguajar inadequado, caçoar ou der bronca num colega, o grupo todo deve recomeçar a atividade.

Fonte: Baseado em Burrington et al.

2.34 AS BIELAS DE UM MOTOR

Espaço: Interno ou externo, desde que amplo.

Materiais: Nenhum.

Descrição: O grupo se posiciona em fileira, de barriga para cima, de modo que a cabeça de um participante fique bem próxima dos pés do seguinte. Ao mesmo tempo, todos devem dar as mãos. A primeira pessoa da fileira se ergue elevando o tronco e, ao 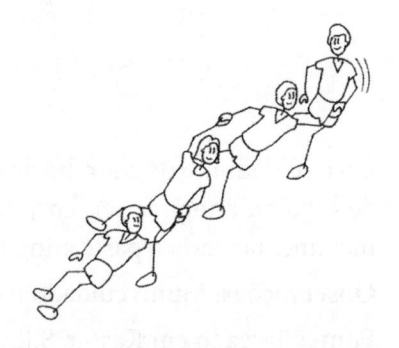 voltar a reclinar-se contra o chão, graças à ação da inércia na descida, permite que o participante seguinte se erga. Essa dinâmica de trabalho é repetida até que se chegue ao fim da fileira.

Observações: Pode ser necessário que o professor dê orientações ao grupo para que ele possa realizar corretamente a atividade.

Fonte: Desconhecida.

2.35 RESGATE

Espaço: Interno ou externo, desde que amplo.

Materiais: Um colchonete.

Descrição: Formamos grupos de cinco ou seis pessoas. O objetivo de cada grupo é tentar deslocar-se de um extremo ao outro da área de jogo usando apenas um colchonete e sem tocar o chão em nenhum momento.

Variações: Para variar a atividade e proporcionar mais possibilidades, o grupo poderia ser equipado com diferentes materiais, tais como cordas, bastões, carcaças de pneus...

Observações: O grupo deve tentar encontrar todas as soluções possíveis para completar a atividade, já que não existe uma única solução e todas elas são válidas.

Fonte: Baseado em Kasser, S.L.

2.36 DIFERENTES PARTES EM MOVIMENTO

Espaço: Interno ou externo, desde que bastante amplo.

Materiais: Nenhum.

Descrição: Três grupos são formados. O objetivo de cada grupo é percorrer de forma totalmente livre uma área delimitada, mas cumprindo diferentes "exigências" de cada vez:

a) Usando três apoios e todas as mãos nos tornozelos.

b) Usando cinco diferentes partes do corpo.

c) Usando algumas partes do corpo a uma altura média do chão, e, outras, a uma altura mais próxima do chão.

d) Com alguns participantes posicionados a uma altura média do chão, e, outros, a uma altura mais próxima do chão.

e) Todo o grupo se deslocando de lado.

f) ...

Variações: Brincando com a imaginação e a expressão corporal, podemos pedir aos grupos que criem formas circulares e se desloquem próximos ao chão, que criem uma aranha etc.

Observações: Devemos estimular a criatividade dos alunos.

Fonte: Baseado em Grineski, S.

2.37 A SALAMANDRA

Espaço: Interno ou externo, desde que bastante amplo.

Materiais: Uma corda e todo tipo de material como bancos suecos, cavalos de ginástica, colchonetes, carcaças de pneus, espaleiras...

Descrição: O grupo é dividido em duplas unidas por uma corda, que deve ser colocada dentro de um dos bolsos de cada aluno, de tal forma que pode cair se for puxada. O objetivo de cada dupla é superar uma série de obstáculos criados pelos próprios alunos, sem que a corda do bolso caia no chão.

Variações: Os alunos podem ir unindo mais pessoas, formando uma cadeia, ao conseguir vencer o circuito. Ou então, um dos integrantes da dupla poderia tentar "se livrar" do outro enquanto se desloca pela área da atividade, mudando de direção, percurso, velocidade, até que a corda caia no chão.

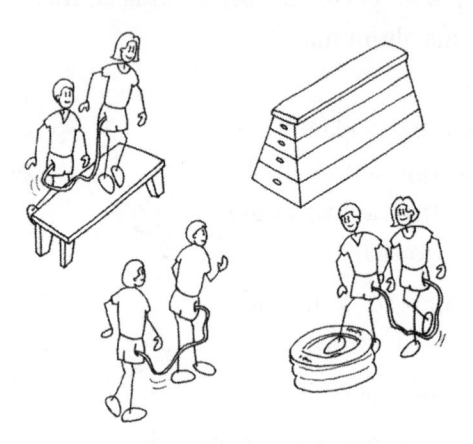

Observações: Muito cuidado em algumas áreas do jogo.
Fonte: Original.

2.38 PASSO PERIGOSO

Espaço: Interno ou externo, desde que bastante amplo.

Materiais: Uma corda suspensa do teto, um balde e dois bancos suecos ou dois plintos.

Descrição: O objetivo do grupo é ir de um plinto (ou um banco sueco) a outro usando uma corda suspensa no teto como se fosse um cipó, carregando um balde com alguma coisa dentro que não pode derramar. Todos os integrantes do grupo devem começar no banco ou plinto de partida e terminar no banco ou plinto de chegada.

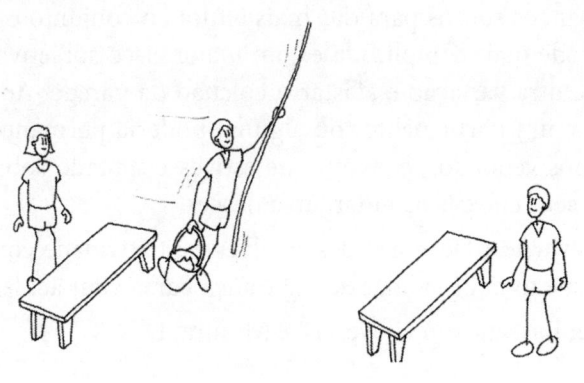

Variações: Podemos aumentar ou diminuir a distância a percorrer para tornar a atividade mais difícil ou mais fácil, ou então alterar o objeto a ser transportado.

Observações: Muito cuidado.

Fonte: Original.

2.39 A PAREDE

Espaço: Interno ou externo, desde que bastante amplo.

Materiais: Um colchão de queda e uma parede.

Descrição: Posiciona-mos o colchão encostado numa parede como reforço, de modo que se sustente em pé por si próprio. O objetivo do grupo é fazer com que todos os participantes

passem de um lado para o outro do colchão, evitando cair e sem a ajuda de qualquer material adicional. As regras básicas são as seguintes: não é permitido usar o colchão em seu lado livre, ou seja, a parte oposta à que está apoiada contra a parede, e tampouco puxar a extremidade superior para tentar torná-la mais baixa.

Variações: Podemos colocar o colchão em cima de um, dois ou três bancos suecos para dar mais altura ao conjunto e tornar a atividade mais complicada e com maior risco subjetivo e objetivo. Outra variação é afastar o colchão da parede. Ao mesmo tempo, um participante (ou alguns) poderia permanecer com os olhos vendados, e, assim que estivesse sentado sobre o colchão, seus colegas o ajudariam a descer.

Observações: Devemos desenvolver essa atividade com muita cautela e tomar medidas de segurança para evitar acidentes.

Fonte: Baseado em Glover, D. e Midura, D.

2.40 A TEIA

Espaço: Interno.

Materiais: Várias faixas elásticas, espaleira e um plinto.

Descrição: Com as faixas elásticas (ou cordas atadas) construímos uma teia de aranha com "vãos" de diferentes tamanhos entre a espaleira e o plinto. O objetivo do grupo é tentar atravessar de um lado até o outro por entre os vãos na teia, sem tocar em momento algum as faixas elásticas.

Variações: Cada participante poderia usar somente um vão diferente cada vez que fosse atravessar a teia. Os alunos poderiam também formar duplas e tentar atravessar a teia de mãos dadas. Aliás, pegando emprestada a ideia de uma atividade anterior, os alunos poderiam tentar atravessar a teia com uma corda dentro do bolso que não poderia cair no chão.

Observações: A criatividade dos participantes pode ser surpreendente nessa atividade se a estimularmos de forma adequada.

Fonte: Vários.

2.41 DANÇA DO BAMBOLÊ

Espaço: Interno ou externo, desde que bastante amplo.

Materiais: Bambolês e todo tipo de material como cordas, bancos suecos, bastões, carcaças de pneus, cavalos de ginástica, plintos...

Descrição: Formamos grupos de três ou quatro pessoas, que devem se posicionar dentro de um bambolê grande. Todos os participantes sustentam a borda do bambolê com ambas as mãos. O objetivo da atividade é tentar realizar um percurso previamente criado por todos os grupos sem soltar o bambolê em momento algum.

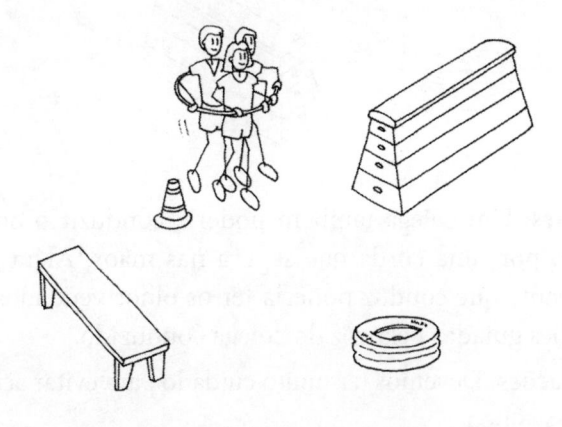

Variações: Podemos utilizar bambolês menores com menos pessoas para tornar a atividade mais simples.

Observações: Cuidado com os bambolês.

Fonte: Original.

2.42 CARRINHOS DE MÃO

Espaço: Interno ou externo, desde que bastante amplo.

Materiais: Um *skate* ou *longboard* (ou qualquer outro tipo de plataforma deslizante) e todo tipo de material como bancos suecos, carcaças de pneus, plintos, bastões, cordas...

Descrição: Dividimos o grupo em duplas com uma plataforma deslizante cada uma. Um dos integrantes da dupla deita-se de barriga para baixo sobre a plataforma deslizante e seu colega deve conduzi-lo por um percurso previamente criado empurrando-o pelos pés.

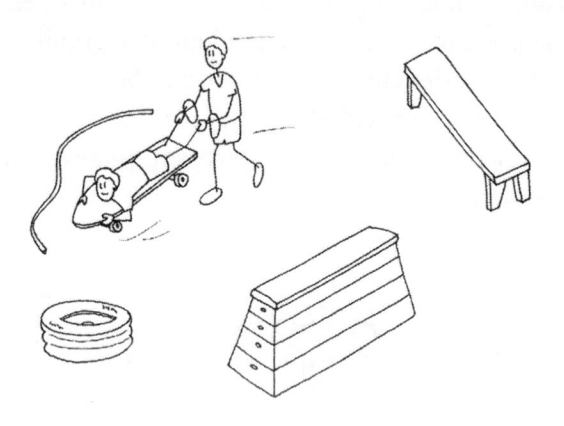

Variações: Um colega também poderia conduzir o outro puxando-o por uma corda que segura nas mãos. Além disso, o participante que conduz poderia ter os olhos vendados, sendo suas ações guiadas pela voz do colega conduzido.

Observações: Devemos ter muito cuidado para evitar acidentes.

Fonte: Original.

3

Atividades com bolas

3.1 VINTE E UM COOPERATIVO

Espaço: Interno ou externo, desde que amplo.

Materiais: Cesta e uma bola de basquete.

Descrição: De dois a cinco jogadores posicionam-se na área de arremesso da quadra de basquete com uma bola e definem seus turnos de participação. O primeiro jogador lança propositalmente a bola contra a tabela para que ela rebata e volte para os jogado-

res. Então, o segundo jogador pega a bola e a lança à cesta de onde a pegou, tentando encestar. Se fizer cesta, ganha dois pontos para o grupo e continua lançando da linha de arremesso livre até errar. Cada cesta da linha de arremesso livre contabiliza um ponto para a equipe. Ao errar, é a vez do próximo jogador, que repetirá o processo. O objetivo do grupo é chegar a exatamente vinte e um pontos, já que se obtiver vinte e dois teria de começar do início. O jogo acaba quando uma das equipes alcança seu objetivo.

Variações: O grupo pode definir da seguinte forma a pontuação a ser alcançada: ao sinal, cada participante mostra de um a cinco dedos. Então, somamos o número de dedos de todos os jogadores e o resultado é multiplicado por um número ímpar, normalmente três ou cinco.

Fonte: Original, baseado em um jogo tradicional.

3.2 BONGO!

Espaço: Interno ou externo, desde que amplo.

Materiais: Bolas leves, devendo uma delas ser facilmente distinguível das outras.

Descrição: De oito a trinta participantes formam um círculo. Os participantes iniciam a atividade com a bola que é diferente das outras, que chamaremos de "bongo", passando-a entre si. O jogador que estiver com o "bongo" nas mãos pode a qualquer tempo erguer a bola ao alto e gritar "bongo!", se assim o desejar. Caso isso aconteça, o restante do grupo deve fazer o mesmo: levantar os braços e gritar "bongo!" O jogo, então, para e o professor introduz uma nova bola. O objetivo do jogo é conseguir passar o máximo de bolas possível, levando em conta que cada vez que uma bola cair no chão ela é retirada do jogo e que apenas a pessoa que está com o bongo pode gritar "bongo!"

Variações: Podemos variar a disposição do grupo ou até deixar que aqueles que não estejam com uma bola nas mãos movam-se livremente.

Observações: Caso a bola que cair no chão for o bongo, retiramos outra bola do jogo no lugar dele. O bongo deve sempre estar presente na brincadeira.

Fonte: Original.

3.3   A ILHA

Espaço: Externo ou interno, desde que amplo. Delimitamos no chão uma zona cuja área dependerá do número de participantes. No centro dessa zona, traçamos um círculo cujo diâmetro deve ser o dobro de um frisbee.

Materiais: Bolas e um frisbee.

Descrição: Todo o grupo se posiciona do lado de fora da área delimitada. Cerca de dois terços dos participantes ficam com uma bola. Dentro da área delimitada, mas não no centro, posicionamos um frisbee. O objetivo do grupo é fazer com que o frisbee seja movido completamente para o círculo central (a ilha) utilizando as bolas, sem que ninguém pise na zona proibida. O jogo termina quando o grupo alcança seu objetivo.

Variações: Podemos determinar um tempo máximo para que a turma alcance seu objetivo. Podemos dificultar a atividade exigindo que as bolas sejam lançadas pelos alunos de uma determinada maneira, por exemplo, com uma mão, com a outra, com as duas de uma vez, por baixo das pernas...

Fonte: Velázquez et al. *Ejercicios de Educación Física para Educación Primaria – Fichero de juegos no competitivos.*

3.4 LIMPANDO O LAGO

Espaço: Externo ou interno, desde que amplo. Delimitamos no chão uma zona cuja área dependerá do número de participantes.

Materiais: Bolas e diferentes materiais de descarte como garrafas de plástico, latas, embalagens longa vida, potinhos de iogurte...

Descrição: Todo o grupo inicia o jogo em torno da zona delimitada. Cerca de dois terços dos participantes ficam com uma bola. Todo o material de descarte é depositado dentro da área delimitada. O professor então explica que os alunos estão diante de um lago contaminado pela ação do homem e que o grupo deve limpá-lo, obviamente, sem cair nele. O jogo termina quando o grupo alcança seu objetivo.

Variações: Para dificultar ainda mais a tarefa dos participantes, podemos estipular um tempo máximo para limpar o lago. Podemos exigir que as bolas sejam lançadas pelos alunos de uma determinada maneira ou fazê-los atirá-las do exato lugar onde pegaram a bola, não permitindo que se aproximem da "margem". Podemos estimular uma maior cooperação dentro do grupo introduzindo a regra de que ninguém pode atirar direto uma bola que tiver pegado do chão, e sim, passá-la a um colega para que ele a atire.

Fonte: Velázquez, C.

3.5 O FURACÃO

Espaço: Externo ou interno, desde que amplo. Traçamos no chão de sete a dez linhas paralelas. Entre a primeira e a segunda deve haver, pelo menos, três metros de distância.

Materiais: Bolas e pinos, que podemos fabricar enchendo garrafas de plástico com um pouco de areia.

Descrição: De quatro a oito participantes, cada um com uma bola, posicionam-se atrás da primeira linha, que chamaremos de linha de lançamento. Os pinos são dispostos um ao lado do outro, alinhados e separados por uma curta distância, sobre a linha mais distante da linha de lançamento. O professor então explica que os pinos representam um furacão que está se aproximando e que o grupo deve evitá-lo. Cada um dos participantes atira sua respectiva bola contra os pinos, tentando derrubar algum. Depois de lançadas as bolas e retirados os pinos derrubados, os que restaram em pé são posicionados na próxima linha em direção à linha de lançamento. Cada pino deve ser colocado na mesma posição que ocupava na linha anterior. Os jogadores recuperam suas bolas e retornam à linha de lançamento para continuar o jogo da mesma forma. O grupo consegue vencer o furacão se for capaz de derrubar todos os pinos antes que algum deles chegue à linha de lançamento.

Variações: Uma possibilidade muito aceita é a de que todos os participantes atirem suas bolas de uma só vez, o que deve ser previamente combinado entre o grupo. Podemos fazer também com que os lançamentos sejam executados de uma determinada maneira, ou com uma parte específica do corpo, como, por exemplo, com o pé. Outra variação que aumenta consideravelmente a dificuldade da atividade é jogar com uma única bola; nesse caso, entretanto, o reposicionamento dos pinos para a linha seguinte é determinado por tempo e também é permitido ao grupo ter uma espécie de "gandula" para recolher e devolver a bola lançada. Cada vez que o furacão avançar uma linha, outra pessoa assumirá a função de "gandula".

Observações: Os pinos podem ser substituídos por latas ou por qualquer outro objeto com características similares.

Fonte: Velázquez, C.

3.6 CAIXA CHEIA

Espaço: Externo ou interno, desde que amplo.

Materiais: Uma caixa e várias bolinhas do mesmo tamanho que as de tênis.

Descrição: O grupo se espalha pela área de jogo. O professor se posiciona no centro com uma caixa que contém um determinado número de bolinhas e começa a atirá-las em todas as direções. O objetivo do grupo é ir apanhando as bolinhas e devolvendo-as à caixa, não permitindo que o professor a esvazie por completo. Caso isso aconteça, o jogo termina.

Variações: Uma primeira possibilidade é permitir a movimentação do professor, que utilizará uma caixa de plástico com alças ou até um cesto de roupas sem tampa. Podemos também realizar a mesma atividade com bolas, delimitando uma pequena zona dentro da qual ninguém, exceto o professor, possa circular; o objetivo é que sempre haja uma bola dentro dessa zona.

Fonte: Boulanger, J.

3.7 CESTA

Espaço: Externo ou interno, desde que amplo. Traçamos no chão um círculo cujo diâmetro dependerá da habilidade dos participantes.

Materiais: Carcaças de pneus e bolas de plástico.

Descrição: Os jogadores, cada um com uma bola de plástico, posicionam-se ao redor do círculo em cujo centro deverão estar empilhadas de cinco a oito carcaças de pneus. O objetivo do grupo é encestar o máximo de bolas no interior da pilha de pneus, levando em conta que em nenhum momento os participantes podem pisar dentro do círculo e que a pilha de pneus não pode cair.

Variações: Podemos usar ao mesmo tempo bolas de diferentes tamanhos, desde as de tênis até as de basquete, de modo que o grupo deve considerar qual delas é melhor encestar antes. Estipulando a regra de lançar de onde se apanhou a bola, a dificuldade aumenta.

Fonte: Vélazquez, C.

3.8 PAREDE VIVA

Espaço: Metade da quadra de basquete ou de voleibol.

Materiais: Uma bola que quique bem (ou seja, que esteja bem cheia) por participante.

Descrição: Todo o grupo ocupa metade da quadra de basquete. Cada participante fica com uma bola. O professor atua como uma parede viva e se movimenta com os braços estendidos. O objetivo do grupo é fazer com que todos os seus integrantes quiquem a bola, movimentando-se apenas pela área delimitada pela metade da quadra de basquete e pela parede viva. Isso significa que ninguém pode sair dos limites da quadra estipulados nem ultrapassar o professor. Ao longo da atividade, o professor pode aumentar ou diminuir a área a seu bel-prazer, ou mudar de direção para alterar a área onde os alunos podem quicar a bola, estendendo, para isso, seus braços em um ângulo reto.

Variações: Um aluno pode ir delimitando a área disponível.

Observações: Para ambientar a atividade, podemos imaginar que além dos limites do jogo há um lago cheio de piranhas ou um precipício de mais de mil metros. Os participantes não podem chocar-se uns com os outros, então, devem adaptar-se e cooperar para que todos caibam no espaço.

Fonte: Original.

3.9 BATE-BOLA

Espaço: Metade da quadra de basquete.

Materiais: Uma bola que quique bem por participante.

Descrição: Cada participante se movimenta livremente pela área de jogo sem deixar de quicar sua bola. Ao sinal, todos têm que trocar de bola. O objetivo do grupo é não deixar que em momento algum as bolas deixem de quicar. Não é permitido pegar a bola com as duas mãos.

Variações: Com o mesmo objetivo, podemos aumentar a dificuldade da atividade fazendo com que os participantes quiquem suas bolas em duplas, de mãos dadas. Cada integrante da dupla quica sua bola com a mão livre. Ao sinal, devem buscar duas novas bolas para quicar. A um segundo sinal, os partici-

pantes trocam de posição sem trocar de dupla; mudam, portanto, a mão de controle da bola. A um terceiro sinal, todos devem trocar de dupla sem trocar de bola, o que possibilita uma maior cooperação dentro do grupo.

Fonte: Original.

3.10 O ALFABETO

Espaço: Externo.

Materiais: Uma bola leve.

Descrição: Entre quatro e dez pessoas formam um círculo. Uma delas começa lançando, com qualquer parte de seu corpo, a bola para um colega ao mesmo tempo em que diz "A". Então, outro participante bate na bola, evitando que ela qui-

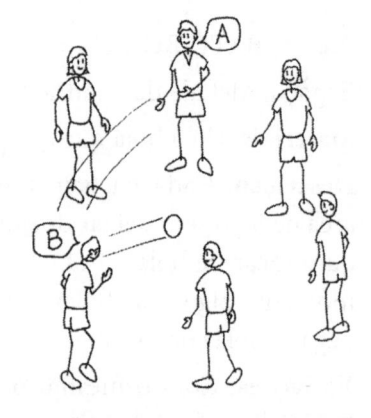

que no chão, ao mesmo tempo em que fala "B". O próximo dirá "C", depois "D" etc. Os participantes vão batendo na bola sem seguir uma ordem determinada, embora uma mesma pessoa não possa bater na bola duas vezes consecutivas. Se em algum momento a bola cair no chão, o grupo deve começar de novo. O objetivo do grupo é completar o alfabeto.

Variações: Podemos fazer com que os participantes batam na bola em uma ordem específica.

Fonte: Baseado em Orlick, T.

3.11 TAKGRO

Espaço: Externo.

Materiais: Uma bola.

Descrição: Entre cinco e doze participantes formam um círculo. Um deles pode ficar no centro do círculo, embora isso não seja imprescindível. O objetivo do grupo é manter a bola no ar, tocando-a somente com as pernas e os pés. Uma mesma pessoa pode bater na bola várias vezes consecutivas.

Variações: Podemos permitir o contato com outras partes do corpo: cabeça, mãos...

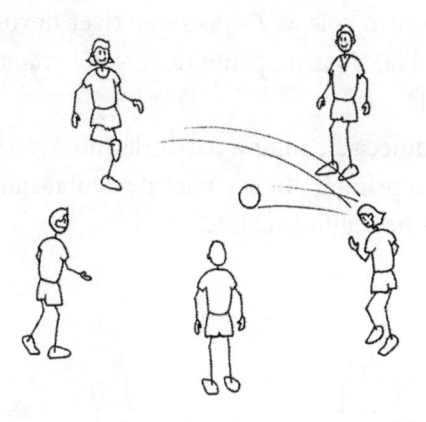

Observações: É comum as crianças não contarem o número de toques que dão na bola. A diversão reside em simplesmente não deixá-la cair no chão.

Fonte: Observação direta na escola de Tai-ta-Nu, na Tailândia, em 20 de agosto de 1997.

3.12 DE CAIXA EM CAIXA

Espaço: Externo ou interno, desde que amplo.

Materiais: Bolas, um bambolê por participante e duas caixas.

Descrição: Posicionamos uma caixa cheia de bolas em algum ponto da área de jogo e uma segunda caixa, vazia, bastante distante da primeira. Cada participante fica com um bambolê. O objetivo do grupo é transportar todas as bolas da primeira caixa para a segunda no menor tempo possível, levando em conta as seguintes regras:

1) Cada jogador posicionará seu bambolê em um ponto da área da atividade. Entrará dentro dele e não poderá sair até o término da atividade, a não ser para recolher uma bola do chão e levá-la até a primeira caixa, de acordo com o que está determinado na segunda regra.

2) Nenhuma bola pode quicar no chão. Caso isso aconteça, um dos jogadores pode sair de seu bambolê, recolhê-la e levá-la correndo até a primeira caixa. Não pode, portanto, passá-la a outro colega. Depois que tiver devolvido a bola à primeira caixa, o participante deve voltar rapidamente para seu bambolê.

3) O tempo começa a contar a partir do momento em que o jogador toca a primeira bola e para de contar quando a última bola estiver na segunda caixa.

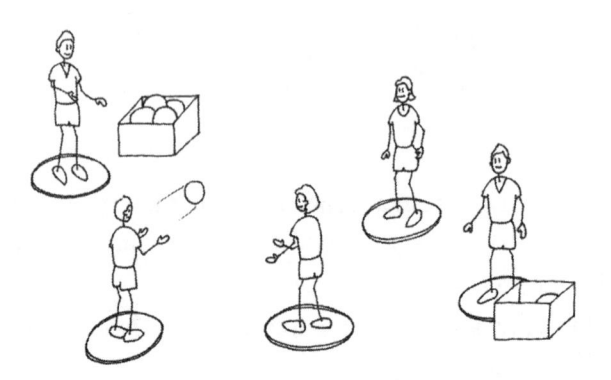

Variações: Podemos propor o mesmo jogo mudando o desafio: quantas bolas o grupo é capaz de transportar num determinado tempo?

Fonte: Original.

3.13 AJUTATUT

Espaço: Externo ou interno, desde que amplo.

Materiais: Uma bola de tamanho médio.

Descrição: Todos os participantes formam um círculo, em pé ou de joelhos, e colocam uma das mãos em suas costas. O objetivo do jogo é ir passando a bola para o jogador à sua direita, tocando-a com a palma da mão livre e evitando que caia no chão. Obviamente, não é permitido segurar a bola em momento algum. Às vezes, os jogadores contam o número de voltas que a bola dá antes de cair no chão.

Variações: Em vez de um círculo, os participantes poderiam formar uma fileira, um ao lado do outro, com o objetivo de que a bola vá de uma extremidade à outra.

Observações: Esse mesmo jogo é praticado exatamente dessa mesma forma pelos aborígenes australianos, embora eles o chamem de *Kai*. Numa das variações desse jogo, chamada de *Kai wud*, o objetivo é passar a bola de um jogador ao outro enquanto se entoa uma canção, não permitindo que a bola atinja o chão até que a canção termine.

Fonte: Tradicional jogo inuíte.

3.14 BOLAS AO AR

Espaço: Externo.

Materiais: Uma bola por participante.

Descrição: Entre oito e vinte participantes, cada qual com uma bola, formam um círculo. Ao sinal, cada jogador lança sua bola para o alto o máximo que puder, ao mesmo tempo em que tenta apanhar qualquer uma das bolas lançadas, exceto a sua. As bolas que não forem apanhadas são retiradas do jogo. O processo se repete com as bolas restantes e a atividade termina quando não sobrar nenhuma bola.

Variações: Se o grupo consegue apanhar todas as bolas que estão em determinado momento no jogo, ele tem direito a incorporar uma das bolas retiradas. Podemos aumentar a dificuldade obrigando os alunos a lançar a bola de um modo específico: com o pé, de costas para os colegas, com a mão esquerda (ou com a direita, no caso dos canhotos)...

Fonte: Original.

3.15 CONTRACHOQUE

Espaço: Externo ou interno, desde que amplo.

Materiais: Uma bolinha de tênis por participante.

Descrição: Os jogadores formam duplas, ocupando toda a área de jogo. Os integrantes de cada dupla, cada um com uma bolinha de tênis, colocam-se um de frente para o outro separados por certa distância. Ao sinal, cada um atira sua bolinha para o colega, com o objetivo de que se choquem no ar, produzindo assim um "contrachoque". As pessoas que conseguem fazer um "contrachoque" se dão um forte abraço e trocam de dupla.

Variações: Para facilitar ou dificultar a ação do jogo, os alunos podem variar a forma de atirar as bolinhas, como de joelhos, sentados... tentar conseguir um "contrachoque" depois de quicar uma vez as bolinhas no chão etc. A mesma atividade e as mesmas variações tornam-se muito mais fáceis quando realizadas com bolas maiores, como as de basquete, por exemplo.

Fonte: Jogo que surgiu em uma de nossas aulas ao fazermos a seguinte proposta a nossos alunos: *"Em duplas, cada jogador com uma bola, o que podemos jogar?"*

4

Atividades com cordas

Preparação para as atividades

Antes de iniciar o trabalho em grupo com cordas, é interessante programar um primeiro dia para relembrar de forma livre o que nosso grupo já sabe sobre pular corda ou para aprender o indispensável para favorecer o desenvolvimento das atividades: pular corda individualmente e de frente (melhor ainda se já sabe de costas também), saber entrar para pular corda em grupo (tanto pelo lado fácil, de frente, como pelo lado difícil, de costas) e passar por baixo da corda sem pular.

Para alunos com dificuldade de aprendizagem, a solução deve passar por obter a ajuda do grupo de colegas, já que eles devem cuidar para que todos consigam dominar essas habilidades mínimas. Exemplos de possíveis auxílios que possam surgir por sugestão dos participantes ou, se não houver outro remédio, do professor, são, entre outros muitos, os seguintes:

• Para corda individual, o aluno pulará com o auxílio de dois colegas para que se ocupe apenas de saltar, e não também de girar a corda. Primeiro, começará com pequenos pulos e logo passará a dar saltos a cada volta da corda. Se não conseguir, pode pular de mãos dadas com alguém (um de frente para o outro). Quando conseguir pegar o ritmo, pulará corda com uma mão e, então, com as duas.

• Para a corda grande, valem esses mesmos exemplos: o aluno pode ficar parado diante da corda antes de ela começar a ser batida; eles podem contar até três, todos juntos; podem dar um leve empurrão no colega quando for o momento de entrar; o aluno pode entrar de mãos dadas com um ou dois colegas, que lhe indicarão o momento certo de pular; até que, por fim, o aluno seja capaz de entrar sozinho. Já houve vezes, quando nada disso funcionou, em que os participantes se ofereceram para levar o colega montado nas costas para que conseguisse pular.

• Outra possibilidade é balançar a corda de um lado para o outro, mas sem realizar uma volta completa. Dessa forma, a corda, além de se mover mais lentamente, ainda fica menos intimidante.

O objetivo primordial das primeiras sessões é que todos os participantes dominem essas habilidades básicas que lhes serão indispensáveis para o restante das atividades. O que se almeja é que o auxílio aos alunos com dificuldades provenha de seus próprios colegas, e não do professor.

Atividades com cordas curtas

4.1 DOIS EM UMA

Espaço: Interno ou externo.

Materiais: Uma corda de aproximadamente três metros.

Descrição: Um participante bate a corda enquanto o outro entra para pular com ele, seja de frente ou de costas (o que é algo mais complicado).

Variações: Algumas delas podem ser as seguintes:

a) Tentar com mais pessoas: desde um de frente e outro de costas, até todos que forem possíveis.

b) Bater a corda para trás.

c) Pular numa perna só.

d) Deslocar-se correndo enquanto mais alunos tentam entrar na corda ou quando já tiverem entrado.

e) O participante que vai entrar na corda permanece imóvel enquanto aquele que bate a corda se movimenta em círculo ao seu redor. Assim, primeiro ele o "pesca" de frente, "solta-o" e logo depois "pesca-o" novamente de costas.

f) O que entra na corda tenta rodear o colega, encolhido por baixo de seus braços, sem sair da corda nem deixar de pular.

g) Combinando elementos de uma coreografia.

h) Aquele que não bate a corda fica quicando uma bola de basquete.

i) A "coleta" individual: vários colegas posicionam-se em fileira, separados por um ou dois metros, e não é permitido deslocar-se lateralmente. Aquele que vai bater a corda poderá se deslocar para os lados para coletar seus colegas e, depois de darem determinado número de pulos, deve prosseguir para que o colega que está dentro saia da zona de pulo e o que bate a corda possa apanhar o colega seguinte. Isso pode ficar ainda mais complicado se o participante que bate a corda for indo em zigue-zague pela fileira, de modo que coleta um colega de frente e o seguinte de costas.

Observações: A atividade de "coleta" é bastante difícil, assim como a de "pescar" o colega, e deve ser proposta somente quando os alunos já tiverem várias sessões de prática.

Fonte: Original.

4.2 OMBRO COM OMBRO

Espaço: Interno ou externo.

Materiais: Uma corda de aproximadamente três metros.

Descrição: Duas pessoas pulam corda juntas, cada uma segurando com uma mão uma extremidade da corda, ombro com ombro.

Variações: Algumas delas podem ser as seguintes:

a) Os dois participantes ficam virados para o mesmo lado ou cada um para um lado, o que fará com que um pule de frente e o outro, de costas.

b) Pular costas com costas, de modo que deverão fazê-lo de lado.

c) Outros colegas, de um em um, tentam entrar e pular, tanto de frente como de costas. Com uma corda de três metros dá para saltar uns sete juntos.

d) De três, os que estão batendo a corda saem com um giro, embora continuem batendo a corda. Em seguida, voltam a entrar.

e) Dar um giro de 360 graus sem sair da corda, mudando a corda de mão enquanto pulam.

Fonte: Original.

4.3 PASSANDO A CORDA

Espaço: Interno ou externo.

Materiais: Uma corda de aproximadamente três metros.

Descrição: Um aluno pula corda individualmente. Enquanto está pulando, um colega apanha uma das extremidades da corda de sua mão, prossegue batendo para que o outro continue pulando e, com um giro, entra para saltar ombro com ombro com o primeiro.

Variações: Algumas delas podem ser as seguintes:

a) Dependendo da mão que usar para pegar uma das extremidades da corda de seu colega, ficarão pulando virados para o mesmo lado, ou para lados opostos, o que fará com que um pule de frente e o outro, de costas.

b) O primeiro, que estava pulando sozinho, sai da corda com um giro, mas continua batendo para seu colega até que lhe passe totalmente a corda.

c) Como na atividade anterior, entram mais colegas.

Fonte: Original.

4.4 RODA CHINESA

Espaço: Interno ou externo.

Materiais: Duas cordas de aproximadamente três metros.

Descrição: Dois participantes posicionam-se ombro com ombro. Cada um deles pulará individualmente com uma corda. A novidade é que, com uma mão (a que fica pra fora), o aluno bate a própria corda, e, com a outra (a que fica pra dentro), bate a do colega. Além disso, é necessário que as cordas batam em tempos diferentes, de modo que, quando uma estiver no alto, a outra estará no chão, como uma espécie de hélice.

Variações: Entram colegas para pular pela frente ou por trás de cada um deles.

Observações: Essa atividade é muito difícil, de modo que são sugeridos alguns passos intermediários. O primeiro passo é bater a corda sem saltar, somente para apreender o movimento dos braços em tempos distintos. Em seguida, os participantes já movem os dois braços, mas pulam apenas uma corda e deixam a outra parada. Então, as duas cordas entram em ação, mas outro aluno se coloca entre os dois participantes para substituir suas mãos que ficam para dentro. Depois, outros dois alunos lhes passam a corda do lado de fora, de modo que eles batam corda apenas com as mãos que ficam para dentro. O último passo é tentar a atividade completa, mas dando apenas o primeiro pulo.

Fonte: Original.

Atividades com cordas longas

4.5 PULANDO TODOS JUNTOS

Espaço: Interno ou externo.

Materiais: Uma corda de aproximadamente 15 metros.

Descrição: É proposta ao grupo a tarefa de dar no mínimo três pulos seguidos dentro da corda. Conseguir essa façanha fica por conta dos alunos: eles podem tentar fazer isso entrando de um em um, o que ficará muito cansativo para aqueles que entraram primeiro, ou então podem ficar posicionados dentro da corda desde o princípio, antes de começarem a batê-la.

Variações: Podemos propor começar com duas pessoas e tentar botar a turma inteira na corda, mas ir incluindo um aluno de cada vez. Para que um determinado número de alunos pulando corda seja válido, eles devem sempre dar no mínimo três pulos consecutivos. A princípio, é melhor dividir a turma em vários grupos e, quando um deles conseguir pular com, digamos, seis pessoas ao mesmo tempo, eles comunicam os outros grupos para que tentem pular com sete. Então, conforme o número for aumentando, a turma toda terá que pular junta.

Observações: Essa atividade pode ser estendida por uma aula inteira ou ainda mais, já que é difícil, mas suficientemente estimulante para que os alunos não se cansem. Detalhes como a conveniência de formar uma fileira, para que todos os participantes experimentem a atividade por igual, eles devem descobrir por si mesmos. Da mesma forma, quando a corda é curta demais para que todos pulem em fila indiana, eles próprios é que devem refletir e resolver esse problema: pular com duas fileiras, colocar os mais altos no centro etc.

Essa atividade constitui uma excelente segunda aula por sua baixa dificuldade e pela grande capacidade que tem de unir todo o grupo em prol de um objetivo comum. Os aplausos e a diversão espontânea, especialmente quando os alunos conseguem superar os desafios propostos, criam um clima de união e alegria verdadeiramente maravilhoso.

Fonte: Original.

4.6 ENTRANDO TODOS JUNTOS

Espaço: Interno ou externo.

Materiais: Uma corda de aproximadamente 15 metros.

Descrição: Como na atividade anterior, é proposta ao grupo a tarefa de dar no mínimo três pulos seguidos dentro da corda. A diferença é que os participantes devem entrar na corda quando ela estiver em movimento, e devem fazê-lo de mãos dadas, sem soltá-las em momento algum. Todo o grupo deve entrar de mãos dadas na corda (quando ela já estiver em movimento) e, sem soltá-las, dar no mínimo três pulos seguidos.

Variações: Podemos propor-lhes começar com dois alunos e tentar botar a turma inteira na corda, mas ir incluindo uma pessoa de cada vez. Para que um determinado número de alunos pulando corda seja válido, eles devem sempre dar no mínimo três pulos consecutivos.

Observações: Como na atividade anterior, essa pode ser estendida por uma aula inteira. A princípio, é melhor dividir a turma em vários grupos e, quando um deles conseguir pular com, digamos, seis pessoas ao mesmo tempo, eles comunicam os outros grupos para que tentem pular com sete. Então, conforme o número for aumentando, a turma toda terá que pular junta. Os próprios alunos devem ir resolvendo os problemas conforme se apresentem. Por exemplo, é melhor que se aproximem o máximo possível da corda, a ponto de roçá-la, para que tenham que percorrer uma distância menor para entrar. Como não lhes foi dito por onde entrar na corda, eles têm de descobrir que é mais fácil ir pelo meio do que por um dos lados, quando o grupo pulando começa a ficar mais numeroso. Para entrarem todos de uma vez, o que exige uma perfeita sincronia, é útil contar até três. Quando a corda é curta demais para que todos pulem em fila indiana, eles próprios é que devem refletir e resolver esse problema: posicionar-se em formato de U (de modo que todos permaneçam unidos), posicionar-se em espiral, entrar de lado, colocar os mais altos no centro etc. Da mesma forma, é apropriado que os alunos formem uma fileira, para que todos eles participem da atividade por igual e a cada nova tentativa entrem pessoas diferentes.

Fonte: Original.

4.7 SAINDO DE MÃOS DADAS

Espaço: Interno ou externo.

Materiais: Uma corda de aproximadamente dez metros.

Descrição: Entram seis ou oito pessoas na corda. Ao sinal, três delas devem sair dela de mãos dadas.

Variações: Algumas delas podem ser as seguintes:

a) Os grupos podem ser formados pelos alunos por iniciativa própria.

b) Podem sair todos os alunos que estejam, por exemplo, com alguma roupa vermelha (mesmo se forem todos), e por aí vai...

Fonte: Original.

4.8 CRUZADO

Espaço: Interno ou externo.

Materiais: Uma corda de aproximadamente dez metros.

Descrição: Dois alunos entram na corda, cada um por um lado. Quando se encontram, têm que se cruzar. Assim, cada um deve sair da corda pelo lado oposto ao que entrou.

Variações: Algumas delas podem ser as seguintes:

a) Cruzar-se dando no máximo dois pulos dentro da corda, e depois dando apenas um pulo.

b) Cruzar-se sem pular, fazendo-o por baixo da corda enquanto ela estiver no alto.

c) Ao cruzar-se, trocam entre si um barbante ou uma bola. Também podem se cruzar quicando uma bola de basquete cada um.

Fonte: Original.

4.9 CRUZADO EM DUPLAS

Espaço: Interno ou externo.

Materiais: Uma corda de aproximadamente dez metros.

Descrição: Duas duplas entram de mãos dadas, cada uma de um lado. Ao se encontrarem para se cruzar na corda, uma das duplas tem de passar por baixo do arco formado pela outra dupla ao levantar as mãos entrelaçadas.

Variações: Algumas delas podem ser as seguintes:

a) Os participantes é que têm de buscar soluções para cruzar em duplas sem deixar de soltar as mãos. Valoriza-se encontrar o maior número de soluções para o problema motor, bem como sua dificuldade e criatividade.

b) Entrar dois de mãos dadas por um lado e um sozinho pelo outro, para tornar a atividade mais fácil.

c) Introduzir as variações da atividade anterior.

Observações: Essa atividade pode se transformar num desafio para a criatividade se for solicitado aos participantes que busquem por diferentes soluções para se cruzarem. É pedido não apenas que resolvam um problema, mas que o façam de muitas maneiras diferentes, sem privilegiar mais a eficiência do que a originalidade.

Fonte: Original.

4.10 BATENDO PALMAS

Espaço: Interno ou externo.

Materiais: Uma corda de aproximadamente dez metros.

Descrição: Dois participantes entram, cada um por um lado. Quando se encontram frente a frente, enquanto continuam pulando, têm de bater as palmas um com o outro (primeiro com a esquerda, depois com a direita, e então com ambas). Cuidado com os tapas!

Variações: Algumas delas podem ser as seguintes:

a) Dois entram para pular de cada lado e, antes de cruzarem com os que vêm do outro lado, têm que bater as palmas uns com os outros (primeiro com os braços estendidos para cima, e depois para baixo).

b) Entra uma dupla de mãos dadas de cada lado e, quando se encontram dentro da corda, batem as palmas uns com os outros, usando apenas a mão livre, como se fossem irmãos siameses.

Observações: Qualquer variação que envolva bater palmas que os participantes conheçam será muito bem-vinda para testar a coordenação dentro da corda.

Fonte: Original.

4.11 COREOGRAFIAS

Espaço: Interno ou externo.

Materiais: Uma corda de aproximadamente dez metros, um aparelho de som e música.

Descrição: Um aluno entra por um lado e o outro pelo outro e, seguindo o ritmo, eles tocam um pé com a mão pela frente, depois por trás, em seguida o joelho, e aí invertem de lugar com o colega à sua frente, realizando o mesmo exercício, para finalizar saindo da corda pelo lado oposto ao que entraram.

Variações: Algumas delas podem ser as seguintes:

a) Existem muitas possibilidades de coreografias a serem inventadas pelo professor ou, se possível, pelos próprios alunos, aos quais inclusive se propõe essa tarefa.

b) Incluir habilidades como alternar apoios de mãos e pés, entrar ou sair da corda fazendo um giro lateral, pular agachado, pular carniça dentro da corda...

Fonte: Original.

4.12 A COLETA

Espaço: Interno ou externo.

Materiais: Uma corda de aproximadamente dez metros.

Descrição: Posicionam-se em fileira seis pessoas, que podem pular, mas não se deslocar. Aqueles que batem a corda vão se movimentando, coletando os que estão enfileirados e depois "descartando-os", sem que estes se desloquem.

Variações: Algumas delas podem ser as seguintes:

a) Os participantes vão ficando dentro da corda, porque, depois de darem o primeiro pulo, já podem se deslocar.

b) A cada volta da corda, aqueles que a batem necessariamente têm de coletar um novo aluno (e "descartar" o anterior).

c) Os que estão na fileira podem entrar pulando corda individualmente.

Observações: Os participantes são livres para decidir a distância entre os alunos da fileira e a orientação desta em relação à corda (entre 45 e 90 graus) para conseguirem solucionar melhor o problema motor.

Fonte: Original.

4.13 TRANSPORTE DE BARBANTE

Espaço: Interno ou externo.

Materiais: Uma corda de aproximadamente dez metros, um barbante de três metros ou mais e bolas.

Descrição: Cerca de seis participantes entram para pular e um deles introduz, por uma das pontas da fileira, um barbante amarrado que deve ser passado de um em um, até que chegue à outra ponta.

Variações: Algumas delas podem ser as seguintes:

a) Eles não podem usar as mãos para passar o barbante, apenas o pescoço, as axilas, os pulsos, enfim, eles próprios têm de descobrir as possibilidades.

b) Entram cinco pessoas e apenas a primeira e a terceira podem usar as mãos, enquanto que a segunda e a quarta podem usar os joelhos para segurar o barbante. Será o colega que colocará o barbante entre seus joelhos, que ficarão unidos enquanto ele pula, para que o colega seguinte então o retire.

c) Em vez de introduzir na atividade um barbante, introduzimos uma bola. Os alunos podem passá-la de mão em mão ou realizar um passe para transportá-la. Se duas bolas forem incluídas, uma de cada lado, a dificuldade aumentará quando elas se cruzarem.

Observações: O barbante pode ser substituído por uma corda individual dobrada e amarrada.

Fonte: Original.

4.14 APANHANDO O BARBANTE

Espaço: Interno ou externo.

Materiais: Uma corda de aproximadamente dez metros e um barbante de três metros ou mais, dobrado e amarrado.

Descrição: O barbante é colocado no chão, de modo que uma pessoa tem de apanhá-lo, agachando-se entre os pulos, e depois devolvê-lo ao chão. Se o barbante ficar muito afastado do centro da corda, todo o grupo (tanto os que batem a corda como os que pulam) deve se deslocar para que os que pulam a corda, sem parar de pulá-la, apanhem o barbante do chão.

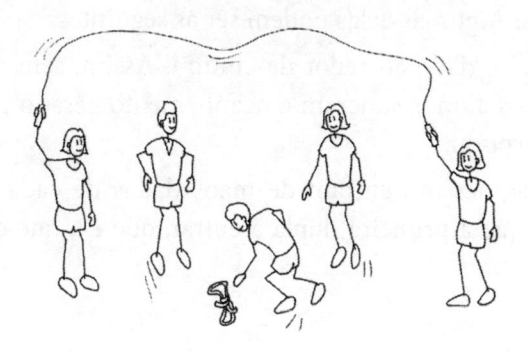

Variações: Algumas delas podem ser as seguintes:

a) Participa-se da mesma forma, mas, em vez de os alunos entrarem sozinhos, eles o fazem em duplas, de mãos dadas, apanhando ao mesmo tempo o barbante.

b) Depositamos no chão vários barbantes enfileirados. Aqueles que batem a corda e os que pulam atuam juntos para apanhá-los. Quando alguém apanha três barbantes, ele os passa para um colega, que os devolve ao chão.

Observações: Os barbantes podem ser substituídos por cordas individuais dobradas e amarradas.

Fonte: Original.

4.15 DANDO NÓS

Espaço: Interno ou externo.

Materiais: Uma corda de aproximadamente dez metros e dois barbantes de um metro cada um.

Descrição: Dois participantes entram para pular, cada um por um lado. Um deles carrega um barbante na mão com o qual tem de atar com um nó no pulso do colega que está à sua frente. Depois de dar o nó, o "atador" sai da corda e entra outro participante para libertar o "atado", que, por sua vez, sai da corda. Então, entra outro colega para ser atado pelo "desatador", e assim por diante.

Variações: Algumas delas podem ser as seguintes:

a) O nó é dado ao redor da cintura. Assim, sem se darem conta, os alunos superam o acanhamento gerado pelo contato corporal.

b) Duas pessoas entram de mãos dadas de cada lado, de modo que a primeira dupla a entrar, que é a que carrega o

barbante, deve ir até a segunda dupla, que entrou pelo lado oposto, para amarrar o nó. Cada aluno da dupla deve dar o nó com a mão que está livre, coordenando-a com a de seu colega. Eles podem atar o barbante sobre as mãos dadas da outra dupla ou então ao redor de suas cinturas, que ficariam unidas (opção interessante, mas difícil).

c) O barbante começa no chão e um aluno (ou dupla) tem de apanhá-lo, agachando-se entre cada pulo. Se o barbante ficar muito afastado do centro da corda, todo o grupo (tanto os que batem a corda como os que pulam) deve se deslocar para que os que pulam a corda, sem parar de pulá-la, apanhem o barbante do chão.

Observações: Os barbantes podem ser substituídos por cordas individuais amarradas.

Fonte: Original.

4.16 BARBANTE POR DENTRO DA ROUPA

Espaço: Interno ou externo.

Materiais: Uma corda de aproximadamente dez metros e vários barbantes ou, quando aplicável, cordas individuais.

Descrição: Cinco ou seis pessoas entram para pular corda e, uma vez lá dentro, vão transferindo entre si um barbante, que cada aluno deve passar por dentro de sua roupa antes de entregá-lo ao próximo colega. Os participantes podem introduzir o

barbante pela parte de baixo da camiseta e retirá-lo pela gola ou, para aumentar ainda mais a dificuldade, pela manga.

Observações: Se o barbante for muito curto, os alunos podem atar outro a ele... enquanto continuam pulando.

Fonte: Original.

4.17 TIRANDO O AGASALHO

Espaço: Interno ou externo.

Materiais: Uma corda de aproximadamente dez metros.

Descrição: Dois participantes pulam corda enquanto tiram seus agasalhos, trocam com o colega e os vestem.

Variações: Algumas delas podem ser as seguintes:

a) Um tira o agasalho e o veste no colega.

b) Um veste com um único agasalho dois colegas que pulam de mãos dadas, de modo que cada um fique com uma manga.

c) Dois alunos de mãos dadas, usando suas respectivas mãos livres, vestem o agasalho num colega (ou dois). Para aumentar a dificuldade, antes de vesti-lo, a dupla tem de primeiramente retirar o agasalho do colega.

d) Dois alunos de mãos dadas: um deles tira o agasalho começando pela mão livre e o transfere ao outro pela mão que os une, para que o outro o vista do avesso.

Fonte: Original.

4.18 PULANDO CORDA JOGANDO BADMINTON

Espaço: Interno ou externo.

Materiais: Uma corda de aproximadamente dez metros, raquetes de badminton ou raquetes comuns, e petecas de badminton ou bolinhas de espuma do tamanho das de tênis.

Descrição: Duas pessoas entram na corda com uma raquete cada uma, e tentam manter no ar a peteca ou bolinha de espuma dando toques.

Variações: Algumas delas podem ser as seguintes:

a) Os participantes devolvem a bolinha de espuma (melhor opção, nesse caso, porque quica) que foi jogada por uma pessoa de fora da corda.

b) Em duplas, os alunos tentam jogar, sem que a bolinha caia no chão. As duplas podem ficar de mãos dadas, caso se queira complicar ainda mais a atividade.

c) Aumentamos ainda mais o número de participantes que têm de manter a bolinha ou bolinhas no ar.

d) Um mantém a bolinha no ar e, sem deixá-la cair, passa-a a outro colega, para que ele continue mantendo-a no ar.

Observações: A princípio, o melhor é usar bolas de espuma, já que, além de não romperem, podem ser tocadas depois de quicarem no chão.

Fonte: Original.

4.19 BOLA NA CORDA

Espaço: Interno ou externo.

Materiais: Uma corda de aproximadamente dez metros e bolas que quiquem bem (ou seja, que estejam bem cheias).

Descrição: Um aluno entra para pular corda quicando uma bola de basquete e, antes de sair, sem deixar de quicá-la, passa-a a um colega que entrou pelo lado oposto, que continua quicando-a até sair pelo outro lado.

Variações: Algumas delas podem ser as seguintes:

a) Dois participantes entram na corda, cada um por um lado, quicando uma bola, e devem se cruzar sem deixar de quicá-la.

b) Os dois trocam de bola dentro da corda.

c) Dois usam uma bola de vôlei para tentarem passar entre si com toques de levantamento ou de manchete, evitando que a bola caia no chão.

d) Com uma bola de futebol eles também podem tentar manobras semelhantes às anteriormente propostas com raquetes e outras bolas, controlando a bola com os pés.

Observações: Quase qualquer atividade pode ser modificada para aumentar a sua dificuldade, introduzindo uma bola de basquete que deve ser quicada ou passada entre os participantes.

Fonte: Original.

4.20 MAIS CORDAS!

Espaço: Interno ou externo.

Materiais: Uma corda de aproximadamente dez metros e várias outras menores, de uns três metros cada uma.

Descrição: Os participantes entram na corda maior ao mesmo tempo com uma corda individual, pulando as duas de uma só vez.

Variações: Algumas delas podem ser as seguintes:

a) Um ou mais participantes entram na corda individual.

b) Com vários participantes pulando juntos com suas cordas individuais dentro da corda maior, outros colegas vão passando, entrando e saindo das cordas individuais.

c) Ombro com ombro, dois pulam com uma corda individual dentro da corda maior.

d) Um pula com a corda individual. Enquanto continua pulando, um colega pega uma das extremidades da corda de sua mão e prossegue batendo para que o primeiro continue pulando e, dando um giro, entra para pular ombro com ombro com ele. Tudo isso dentro da corda maior.

Observações: O mais fácil, nesse caso, é que os participantes se posicionem com a corda maior parada e, no três, comecem a bater as duas cordas ao mesmo tempo. Uma opção mais complicada é entrar pulando na corda maior com a corda individual parada e começar a pular as duas. Mais difícil ainda é entrar na corda grande já pulando com a corda individual.

Fonte: Original.

4.21 TRÊS CORDAS

Espaço: Interno ou externo.

Materiais: Uma corda de aproximadamente dez metros e várias outras menores, de uns três metros cada uma.

Descrição: Dois participantes entram para pular na corda maior e introduzem uma segunda corda longa dentro da primeira. Sem deixar de pular a primeira corda, eles começam a bater a segunda, para que outra pessoa possa entrar e pular as duas de uma só vez.

Variações: Algumas delas podem ser as seguintes:

a) O que pula a primeira e a segunda cordas introduz sua própria corda individual, a terceira na atividade, para pular também essa.

b) Outro colega tenta também pular a terceira corda.

c) Um colega pega uma das extremidades da terceira corda e tenta pular junto com o outro, ombro com ombro.

d) Introduzimos uma terceira corda longa...

Fonte: Original.

4.22 CORDA DUPLA

Espaço: Interno ou externo.

Materiais: Uma corda de aproximadamente dez metros.

Descrição: Os participantes tentam pular as duas cordas de uma só vez. Aqueles que batem corda têm de girá-la para frente realizando

um movimento de alternância de braços, de modo que, quando uma das cordas estiver no alto, a outra esteja embaixo.

Variações: Algumas delas podem ser as seguintes:

a) Qualquer uma das atividades propostas anteriormente pode ser realizada da mesma forma, só que com duas cordas ao invés de uma (verificar quantos são capazes de saltar ao mesmo tempo, cruzar-se, bater as palmas uns com os outros, amarrar um barbante, quicar uma bola, introduzir uma corda individual...).

b) Os alunos podem girar as cordas para trás, em vez de para frente.

Observações: Esse exercício é muito difícil, então aconselhamos introduzi-lo aos poucos no finalzinho das aulas para que os alunos vão experimentando o desafio antes da sessão em que ele será a principal atividade. Em primeiro lugar, é necessário aprender a bater as cordas simultaneamente. O certo é girar a primeira corda para frente e, quando ela estiver no alto, girar a segunda. Um erro comum é cruzar os braços ao bater as cordas, o que faz com que elas se choquem. Na verdade, basta que um aluno bata apenas uma das duas cordas com uma mão e deixe a outra mão que segura a outra corda em descanso, enquanto o colega faz o equivalente do outro lado com a outra corda, já que dá para bater uma corda agitando-a por apenas uma de suas extremidades. Uma possível estratégia para começar a pular é entrar na corda pelo lado difícil. A chave é posicionar-se com apenas um pulo bem no centro da corda (devemos levar em consideração que, se o aluno não estiver no centro da corda, ele conseguirá saltar uma delas, mas a outra atingirá os seus joelhos). Então, os participantes saltam mal tocando o chão, com pequenos pulinhos entre cada volta da corda. Depois, entram nas duas cordas, mas é importante que se fixem apenas na primeira corda, saltando-a mal tocando o chão. Uma vez que tenham saltado duas passadas fica bastante fácil pegar o ritmo. Para sair, o certo é fazê-lo depois de saltar a corda do lado oposto.

Fonte: Original.

4.23 SENOIDE

Espaço: Interno ou externo.

Materiais: Uma corda de aproximadamente 15 metros.

Descrição: Pular corda que forma uma senoide. Para criar esse efeito, é necessário que os dois participantes que batem a corda o façam no mesmo sentido, mas coordenados de modo que, quando um sobe a corda, o outro a esteja baixando. Antes de começar, é útil produzir algumas ondas com a corda, para pegar o jeito. Nessa modalidade, pelo menos um aluno pode pular de um lado da senoide, enquanto um colega pula do outro.

Variações: Qualquer uma das modalidades propostas anteriormente; por exemplo, cruzando-se, coreografias, bater palmas uns com os outros ou vários alunos entrando de mãos dadas.

Fonte: Original.

4.24 BATENDO CORDA EM CRUZ

Espaço: Interno ou externo.

Materiais: Várias cordas de aproximadamente dez metros.

Descrição: Batemos duas cordas em cruz, de modo que toquem o chão ao mesmo tempo. Um aluno pula no "ponto de cruzamento" das cordas.

Variações: Algumas delas podem ser as seguintes:

a) Uma das cordas se move sobre a outra de um extremo a outro. Assim, os que batem a segunda corda têm de pular a primeira, conforme forem se movendo.

b) Podemos incluir um ou vários alunos no meio, que saltam a corda parada e depois a que vem em movimento.

c) Os alunos podem bater quatro cordas de uma vez, formando um asterisco.

Fonte: Original.

4.25 COMBINAÇÕES DE VÁRIOS ELEMENTOS

Espaço: Interno ou externo.

Materiais: Uma corda de aproximadamente dez metros e diversos materiais: cordas individuais, bolas, raquetes, bolinhas...

Descrição: É possível incluir, dentro de uma mesma corda, pessoas que brinquem com bolas ou raquetes ao mesmo tempo em que outros pulam cordas individuais ou então amarram barbantes uns aos outros enquanto outros se cruzam dentro da corda... as possibilidades de combinação são infinitas.

Variações: Qualquer uma das atividades anteriormente propostas com cordas, uma vez bem-sucedidas, pode ser testada com os olhos vendados, sempre tentando evitar, na medida do possível, que os alunos se machuquem.

Fonte: Original.

5

Atividades com frisbees

5.1 TIRO AO PINO 1

Espaço: Externo ou interno, desde que amplo.

Materiais: Frisbees e pinos.

Descrição: Os participantes, cada um com seu frisbee, posicionam-se de frente uns para os outros, detrás de duas linhas paralelas separadas por uma determinada distância. Entre as linhas são colocados vários pinos deitados no chão. Devemos lançar os frisbees para tentar acertar os pinos. Cada pino atingido por um frisbee é colocado de pé. O objetivo do grupo é levantar todos os pinos com o menor número possível de lançamentos.

Variações: Se um frisbee tocar algum pino levantado, todos os pinos devem ser derrubados.

Fonte: Baseado em Omeñaca e Ruiz.

5.2 TIRO AO PINO 2

Espaço: Externo ou interno, desde que amplo.

Materiais: Frisbees e pinos.

Descrição: Os participantes, cada um com seu frisbee, posicionam-se de frente uns para os outros, detrás de duas linhas paralelas separadas por uma determinada distância. Entre as linhas são colocados vários pinos enfileirados, sendo um ou vários mais facilmente distinguíveis dos demais. O objetivo do grupo é derrubar todos os pinos, exceto os diferentes, que são os "intocáveis". Caso um "intocável" seja derrubado, ele volta a ser colocado de pé, junto com dois dos pinos "normais".

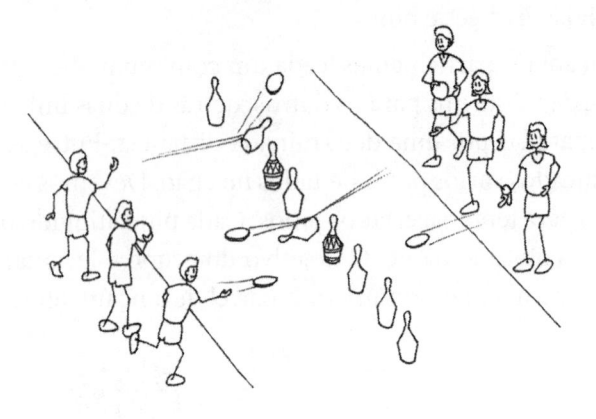

Variações: Se um frisbee atingir o chão antes de chegar à outra linha e sem ter derrubado nenhum pino, um dos pinos caídos é levantado.

Fonte: Baseado em Omeñaca e Ruiz.

5.3 COBERTURA DE FRISBEES

Espaço: Externo ou interno, desde que amplo.

Materiais: Frisbees e colchonetes.

Descrição: Os participantes posicionam-se a uma certa distância de um colchonete colocado no chão. Disponibiliza-se um determinado número de frisbees para os jogadores. O objetivo do grupo é lançar todos os frisbees para que aterrissem sobre o colchonete. Se um dos frisbees cair fora do colchonete, os participantes podem recolhê-lo do chão e levá-lo até o local de lançamento para voltar a lançá-lo.

Variações: Podemos substituir os colchonetes por caixas ou cestas. Outra possibilidade é os colegas manterem a caixa ou cesta no ar e cooperarem com os lançadores. Também podemos substituir o colchonete por diferentes objetos que devem ser derrubados.

Observações: A divisão de tarefas deve ser feita pelos próprios alunos.

Fonte: Original.

5.4 BAMBOLÊ SUSPENSO

Espaço: Externo ou interno, desde que amplo.
Materiais: Frisbees e bambolês.

Descrição: Dois participantes posicionam-se a uma certa distância um do outro. O objetivo é um jogar o frisbee para o outro, passando-o sempre pelo interior do bambolê que um terceiro colega segura no ar entre eles. Esse colega pode movimentar o bambolê para facilitar o objetivo.

Variações: Colocando duas pessoas entre os lançadores, cada qual com um bambolê, separadas por uns dois metros, o objetivo agora é fazer com que o frisbee atravesse os dois bambolês. A dificuldade aumenta quando cada um dos lançadores atira os respectivos frisbees ao mesmo tempo.

Fonte: Baseado em Omeñaca e Ruiz.

5.5 TROCANDO OS FRISBEES

Espaço: Externo ou interno, desde que amplo.

Materiais: Frisbees.

Descrição: Dois jogadores, cada um com um frisbee, posicionam-se frente a frente separados por uma determinada distância. Seu objetivo é trocar de frisbee um com o outro, lançando-os ao mesmo tempo e sem deixar que nenhum caia no chão. Quantas vezes seguidas eles conseguem fazer isso?

Variações: Podemos aumentar a intensidade e a dificuldade do jogo fazendo com que os participantes lancem seus frisbees imediatamente após recebê-los, inclusive sem ajustar a posição do frisbee na mão. Caso um frisbee caia no chão, ele deve ser recolhido sem que se pare a atividade.

Fonte: Original.

5.6 CIRCUITO DE FRISBEES

Espaço: Externo ou interno, desde que amplo.

Materiais: Frisbees.

Descrição: Em duplas, os participantes têm de percorrer um circuito no qual devem superar várias provas de habilidade conjunta. O objetivo da dupla é completar o percurso com o menor número possível de lançamentos, levando-se em conta que, até que se complete uma prova, não se pode passar à próxima. Alguns exemplos de provas são os seguintes:

• Atravessar dois frisbees de uma só vez por um bambolê suspenso no ar.

• O frisbee deve rodear uma pilastra e chegar ao colega que está em um ângulo de 90 a 120 graus do lançador.

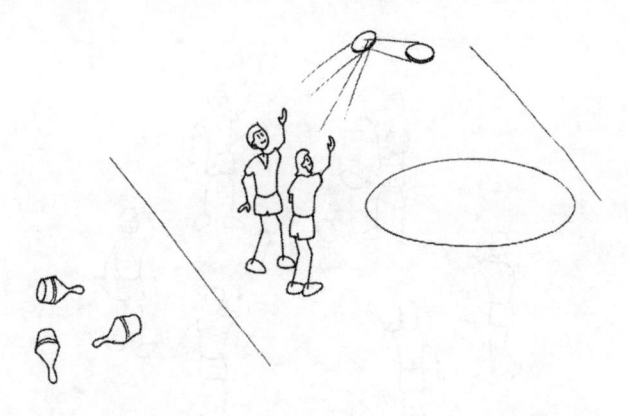

• Provocar a colisão no ar de dois frisbees, que ainda por cima devem cair em uma zona delimitada.

• Derrubar objetos.

• Manter entre os jogadores três frisbees no ar, que devem passar sobre uma corda ou rede.

Variações: Podemos organizar o circuito em estações nas quais as duplas podem permanecer por apenas dois minutos.

Observações: Devemos levar em consideração que, nas atividades do circuito nas quais os alunos tenham de lançar de forma conjunta, os dois participantes terão que lançar seus frisbees ao mesmo tempo. Nas que tiverem de fazê-lo de um em um, terão que alternar os lançamentos para que os dois lancem o mesmo número de vezes.

Fonte: Original.

5.7 COLISÃO DE FRISBEES

Espaço: Externo ou interno, desde que amplo.

Materiais: Frisbees.

Descrição: Entre três e seis participantes formam um círculo, cada um com um frisbee na mão. Ao sinal, todos lançam ao mesmo tempo seus frisbees, para que se choquem no ar. O grupo vai tentando até conseguir.

Variações: Podemos aumentar a dificuldade da atividade impedindo os alunos de falar. Desse modo, fica difícil para eles se comunicarem sobre velocidade de lançamento, altura etc.

Fonte: Original.

6

Atividades com música

6.1 CORPO COM CORPO

Espaço: Interno.

Materiais: Um aparelho de som.

Descrição: Os participantes formam duplas. Quando começa a tocar a música, todos se despedem de seu colega e se movem livremente pela área da atividade. Quando a música para, todos também param. O professor, então, diz: "Minhas [uma parte do corpo] nas suas [outra parte do corpo]", por exemplo: "Minhas mãos nas suas orelhas". Então, rapidamente, cada aluno procura por seu colega e tenta fazer o que disse o professor. Algumas das frases mais difíceis podem ser: "Meus pés nos seus ombros", "Meu nariz nas suas costas", "Meus tornozelos nas suas orelhas"...

Variações: Para favorecer uma maior cooperação, o professor pode dizer: "Troquem de dupla!" Nesse caso, todos os alunos devem buscar por um novo colega para formar dupla, a fim de dar prosseguimento à atividade.

Observações: Uma boa forma de finalizar a atividade é dizer "Minhas mãos nas suas costas", o que fatalmente termina com um abraço.

Fonte: Experiência passada por Verena Marschat.

6.2 BAILE DA BATATA

Espaço: Interno.

Materiais: Um aparelho de som e batatas.

Descrição: Os participantes se distribuem em duplas e cada uma delas fica com uma batata. O objetivo da dupla é dançar enquanto uma música toca ou todos cantam uma canção, unidos com seu colega somente pela batata, que não pode cair no chão. Não é permitido, portanto, que seus corpos se toquem. Se uma dupla alcança o objetivo, ela pode pedir um desafio maior, que consiste em repetir o processo anterior, só que agora unida por duas batatas, depois por três, aí quatro... O processo também pode ser repetido com o mesmo número de batatas, mas segurando-as com outras partes do corpo ou mesmo repetir a atividade sem aumentar sua dificuldade. É a própria dupla que decide.

Variações: Podemos propor essa mesma atividade só que em trios, recebendo cada um deles, para começar, duas batatas.

Observações: As batatas podem ser substituídas por outros objetos, como bolinhas, por exemplo, apesar do fato de que utilizar batatas é um elemento que por si só já motiva.

Fonte: Original, a partir da modificação de um jogo tradicional.

6.3 CONDUÇÕES

Espaço: Interno.

Materiais: Um aparelho de som.

Descrição: Os participantes formam duplas e se distribuem por toda a área da atividade. Enquanto uma música toca, eles dançam com seu parceiro. Se o professor diz "Mudança de condução!", todos variam a forma de conduzir o seu parceiro. Não é permitido repetir conduções já utilizadas. Se o professor toca em uma dupla, ela se desfaz e cada um de seus integrantes busca outra pessoa para formar uma nova dupla. As conduções utilizadas pelos alunos com o parceiro anterior podem ser utilizadas com os novos. Se o professor diz "Trocando!", todos os participantes buscam formar uma nova dupla. Se a música parar em algum momento, todos os alunos também param até que a música volte a tocar.

Observações: Polca ou pasodoble são estilos musicais bastante adequados para essa atividade.

Fonte: Original.

6.4 A GRANDE CORRENTE

Espaço: Interno.

Materiais: Um aparelho de som e um triângulo.

Descrição: Os participantes se distribuem, ocupando toda a área da atividade. Enquanto uma música toca, todos se movimentam livremente ao ritmo da música prestando o máximo de atenção, já que, quando o professor fizer soar o triângulo, todos devem formar duplas, de mãos dadas. As duplas prosseguem movimentando-se juntas, como se fossem uma mesma pessoa. Quando o triângulo volta a soar, duas duplas formam uma corrente de quatro, depois de oito, então de dezesseis... Agora, se durante todo esse processo alguma corrente se rompe, todos devem recomeçar do zero. O objetivo do grupo é conseguir formar, antes que termine a música, uma grande corrente, composta por toda a turma, e que ela permaneça unida até que a canção chegue ao fim.

Variações: O professor pode agir como uma espécie de poste, atrapalhando a passagem das correntes.

Observações: Para essa atividade, o adequado é uma música alegre que tenha uma duração de cinco ou seis minutos, pelo menos.

Fonte: Original.

6.5 APRESENTAÇÕES

Espaço: Interno.

Materiais: Um aparelho de som.

Descrição: Os participantes distribuem-se livremente pela área da atividade. Enquanto uma música toca, eles cumprimentam uns aos outros, estendendo as mãos e dizendo seu nome. Numa segunda etapa, enquanto a música toca, cada aluno cumprimenta os outros, mas agora dizendo o nome da pessoa a quem ele estende a mão. Por fim, e agora já sem tocar a música, uma pessoa se coloca de frente para as outras, aponta para alguém e diz o seu nome. Se o nome estiver correto, a pessoa apontada une-se à que a apontou, dando-lhe uma das mãos. Então, essa última pessoa indica um novo aluno e diz o seu nome. Se o nome estiver correto, a pessoa indicada é incorporada à corrente. O processo se repete até que toda a turma faça parte da corrente. Se alguém não souber o nome de um participante que ainda não entrou na corrente, pode ser ajudado pelos que, nesse momento, fazem parte da corrente. Se ainda assim nenhum dos integrantes da corrente for capaz de dizer o nome de alguns dos colegas que faltam entrar na corrente, a atividade recomeça. A atividade termina quando o grupo consegue formar uma corrente com toda a turma.

Observações: Uma música alegre é mais adequada para essa atividade.

Fonte: Original.

6.6 SIGA O REI

Espaço: Externo ou interno, desde que amplo.

Materiais: Um aparelho de som.

Descrição: Formamos grupos de quatro a seis pessoas dispostas em fileiras, uma atrás da outra. O primeiro da fileira é o rei. Enquanto uma música toca, o rei executa movimentos inspirados pela música e todos devem tentar imitar, da forma mais parecida possível, os gestos do rei. Quando assim o desejar, o rei pode tocar qualquer um de seus "súditos", e este será o novo rei, repetindo-se o processo até que a música pare.

Observações: Com crianças pequenas, convém salientar a necessidade de não mudar muito rápido de movimento para dar tempo de todos imitarem.

Fonte: Brincadeira popular adaptada.

6.7 FIOS DE LÃ

Espaço: Externo ou interno, desde que amplo.

Materiais: Fios de lã de diferentes cores e um aparelho de som.

Descrição: Todos os participantes formam um círculo. Cada aluno forma uma dupla com o colega que está na sua frente. Cada dupla fica com um fio de lã, e cada integrante segura uma extremidade do fio. Assim, temos uma roda com vários fios de lã entrecruzados. Enquanto toca uma música tranquila, todos se movimentam livremente pelo círculo, com a única condição de que ninguém solte sua extremidade de fio de lã.

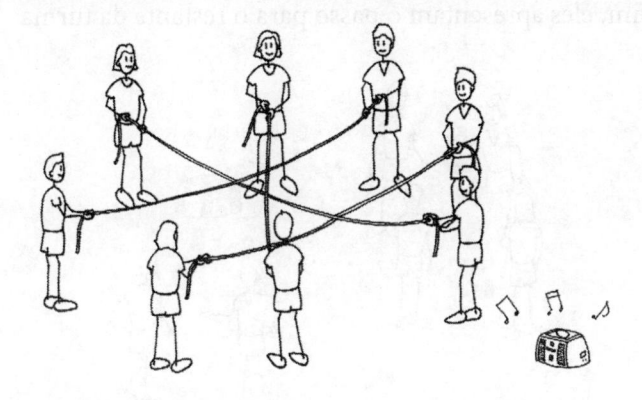

Variações: Cada dupla pode segurar dois fios de lã, cada um em uma mão, ou, melhor ainda, cada aluno pode segurar dois fios de lã cujas extremidades são suspensas por dois colegas diferentes.

Fonte: Experiência passada por Verena Marschat.

6.8 SIGA MEU PASSO

Espaço: Externo ou interno, desde que amplo.

Materiais: Um aparelho de som.

Descrição: Essa atividade cooperativa possui várias etapas. Na primeira, cada participante movimenta-se livremente ao ritmo de uma música, porém sempre da mesma forma. Na segunda etapa, os participantes formam duplas e cada um ensina a seu colega a forma que ele escolheu para movimentar-se. Na terceira etapa, duas duplas se juntam e formam um quarteto, repetindo-se o processo anterior. Assim, ao término dessa etapa, cada quarteto possui quatro movimentos ou passos que se adequam à música, alguns dos quais, inclusive, podem estar repetidos. Na quarta etapa, cada quarteto seleciona um desses passos, tendo como única condição a de que todos os integrantes do quarteto sejam capazes de realizá-lo. Uma vez selecionado, o quarteto ensaia seu passo para que todos o executem ao mesmo tempo. Por fim, eles apresentam o passo para o restante da turma.

Observações: Para essa atividade, é preferível utilizar fragmentos musicais em compassos binários.

Fonte: Experiência passada por Alfredo Larraz.

7

Atividades com raquetes

7.1 CÍRCULO DE PETECA

Espaço: Externo ou interno, desde que amplo.

Materiais: Raquetes e petecas de badminton.

Descrição: Todos os participantes, cada um com sua raquete e formando um círculo, tentam manter uma peteca no ar, evitando que caia no chão.

Variações: Podemos introduzir mais petecas ou fazer com que o jogador que a toque tenha de trocar de raquete com o colega à sua direita. Podemos fazer também com que o aluno tenha que golpear a peteca para cima de forma que o círculo vá girando para a direita, para que a golpeie o jogador situado à esquerda do que o fez anteriormente. Ao sinal, eles podem trocar o sentido do giro.

Observações: Se desejarem, os participantes podem contar a quantidade de toques dados na peteca ou o número de petecas que o grupo consegue manter no ar ao mesmo tempo.

Fonte: Original.

7.2 MANTENDO AS PETECAS

Espaço: Externo ou interno, desde que amplo.

Materiais: Raquetes, petecas de badminton e uma rede de badminton.

Descrição: Formamos duplas e cada integrante posiciona-se com sua raquete e uma peteca de cada lado da rede. O objetivo é manter, o tempo todo, ambas as petecas no ar. Quando uma delas cair no chão, devemos apanhá-la e retorná-la ao jogo sem parar a outra peteca. O jogo termina para a dupla quando as duas petecas estiverem no chão ao mesmo tempo.

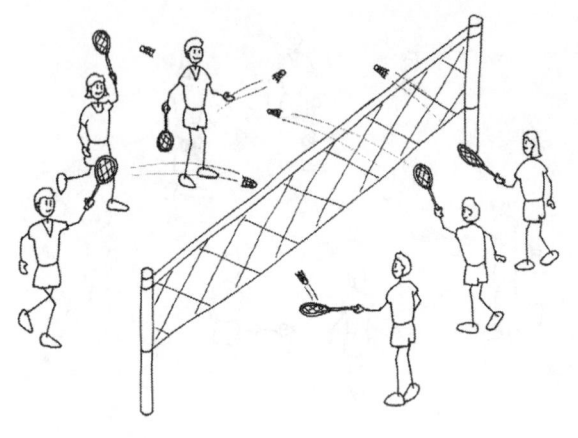

Variações: Podemos incluir mais jogadores, mais petecas ou as duas coisas ao mesmo tempo. Podemos também facilitar a tarefa eliminando a rede, ou dificultá-la, fazendo com que as petecas passem por baixo dela ou substituindo a rede por uma tela opaca, de modo que os participantes só consigam ver a peteca quando ela já tiver passado pela tela. Outra possibilidade é jogar com apenas uma peteca e os participantes terem que realizar determinados movimentos antes de jogar a peteca por cima da rede: controlá-la, sentar-se e passá-la; controlá-la, mudar a raquete de mão e passá-la; controlá-la, bater palmas algumas vezes e passá-la etc. Os alunos podem, inclusive, inventar movimentos. Também podemos propor que joguem quatro pessoas, em duplas de mãos dadas.

Observações: Essa mesma atividade e suas variações podem ser feitas com raquetes de praia, petecas comuns, bolas...

Fonte: Baseado em Orlick, T.

7.3 ALVO MÓVEL

Espaço: Externo ou interno, desde que amplo.

Materiais: Raquetes de praia (ou similares), bolinhas leves do tamanho das de tênis e uma bola.

Descrição: Os participantes, cada um com sua raquete, formam um círculo. Eles devem tentar manter no ar uma bolinha, ou várias, tocando-as somente com as raquetes. Com uma bola nas mãos, o professor se posiciona no centro do círculo formado pelos alunos. Em determinado momento, ele lança a bola para o alto. O objetivo do grupo é acertar, com as bolinhas que mantém no ar, a bola que o professor atirou para cima antes que ela caia no chão.

Variações: Podemos aumentar a dificuldade da atividade fazendo com que, para que o impacto seja válido, a bolinha não possa cair no chão depois de ter acertado a bola.

Fonte: Original.

7.4. PAREDÃO COOPERATIVO

Espaço: Externo ou interno, desde que amplo, e uma parede.

Materiais: Raquetes de praia (ou similares) e bolinhas de tênis (ou similares).

Descrição: Entre quatro e oito jogadores tentam manter uma bola em jogo, golpeando-a com sua raquete contra a parede pelo máximo de tempo possível. Não vale deixar a bola quicar duas vezes no chão antes de ser rebatida.

Variações: Podemos aumentar a dificuldade da atividade disponibilizando uma só raquete para todo o grupo, que deve passar de um jogador para o outro. Também podemos complicar o jogo não permitindo que a bola quique no chão, delimitando uma zona na parede onde a bola pode bater ou fazendo com que os jogadores se desloquem pulando numa perna só. Também é possível jogar em duplas, de mãos dadas.

Fonte: Original.

7.5 BADMINTON DE TROCA CONTÍNUA

Espaço: Externo ou interno, desde que amplo.

Materiais: Raquetes e uma peteca, ambas de badminton.

Descrição: Duas duplas posicionam-se de frente uma para a outra. Os números 1 e 2 ficam de um lado e os 3 e 4, do outro. O jogador número 4 toca a peteca com sua raquete para o número 3, que a joga para o número 2, que, por sua vez, manda para o número 1, prosseguindo da mesma forma. A única condição é que, cada vez que o aluno passar a peteca para outro jogador, ele deve correr para assumir o posto do outro (e também o seu número).

Variações: Podemos aumentar a dificuldade da atividade pedindo que o aluno troque a raquete de mão depois de cada toque. Os alunos também podem jogar em duplas, de mãos dadas, de modo que a cada rodada seja um dos integrantes a tocar a peteca. Essa mesma atividade pode ser realizada com duas fileiras, uma de frente para a outra, de forma que, quando um participante toca a peteca, ele passa para o fim da fileira oposta. A atividade pode ser realizada com ou sem a rede.

Fonte: Baseado em Orlick, T.

7.6 PAREDÃO CIRCULAR

Espaço: Externo ou interno, desde que amplo.

Materiais: Raquetes e uma peteca, ambas de badminton.

Descrição: Entre quatro e seis jogadores formam um círculo, cada um com uma raquete. No centro, posiciona-se outro jogador, também com uma raquete. O do centro vai rebatendo a peteca que seus colegas vão lhe jogando, sendo que a peteca é jogada cada vez por um colega diferente, de modo que ela vai percorrendo todo o círculo. Quando a peteca passar por todos os integrantes do círculo, o jogador do centro troca de posto com um colega, tudo isso sem parar a atividade.

Variações: Podemos fazer com que, ao sinal, inverta-se o sentido de avanço da peteca no círculo. Podemos fazer também com que a atividade seja realizada com duas petecas e duas pessoas no centro, de costas uma para a outra, ou então com que o jogador do centro seja trocado com um do círculo a cada toque da raquete na peteca.

Fonte: Original.

7.7 AVANÇANDO

Espaço: Interno e amplo.

Materiais: Raquetes e petecas, ambas de badminton.

Descrição: Os participantes, em duplas, posicionam-se atrás de uma linha. Cada jogador fica com uma raquete e, cada dupla, com uma peteca. O objetivo da dupla é alcançar uma segunda linha, situada a uma certa distância da linha de partida, tocando a peteca de um para o outro e evitando que ela caia no chão.

Variações: O percurso deve ser realizado com o menor número de toques possível. Também podemos dificultar ainda mais o objetivo, colocando três alunos com duas petecas para realizar o percurso ou até mesmo proibir que a peteca seja tocada a menos que os participantes estejam no momento dentro de bambolês distribuídos pelo chão na área de jogo.

Observações: As petecas podem ser substituídas por bolinhas de espuma.

Fonte: Original.

7.8 CIRCUITOS DE BADMINTON

Espaço: Interno e amplo.

Materiais: Raquetes e petecas, ambas de badminton. Materiais diversos para montar um circuito: plintos, colchonetes, cones, cordas, bancos suecos...

Descrição: Os jogadores, em grupos de dois a seis, projetam e montam um circuito. O percurso pode incluir habilidades como caminhar sobre cordas, escalar espaleiras, passar por baixo de cadeiras, dar cambalhotas etc. Então, cada jogador pega uma raquete e o grupo tenta percorrer o circuito criado mantendo uma peteca no ar, tendo como únicas regras as de que ela não pode cair no chão e nenhum jogador pode tocá-la duas vezes seguidas.

Variações: O circuito pode ser realizado em duplas, de mãos dadas, que devem tentar fazer o percurso com o menor número de toques possível ou permitir que, caso a peteca caia, o grupo possa prosseguir jogando somente se um jogador de outro grupo apanhar a peteca do chão e tocá-la com sua raquete para um de seus integrantes.

Observações: As petecas podem ser substituídas por bolinhas de espuma.

Fonte: Original.

7.9 ENCESTANDO NO BAMBOLÊ

Espaço: Interno e amplo.

Materiais: Raquetes e petecas, ambas de badminton, e bambolês.

Descrição: Distribuímos vários bambolês pelo chão. Os jogadores, em trios, mantêm uma peteca em movimento sem que nenhum deles possa tocá-la duas vezes consecutivas.

Quando se aproximam de um bambolê, devem arranjar um jeito de apanhá-lo do chão, fazer com que a peteca passe por dentro dele e devolvê-lo ao chão antes de partir para o seguinte. Tudo isso sem que a peteca caia no chão.

Variações: Caso a peteca caia, o grupo só pode prosseguir jogando se um jogador de outro grupo apanhar a peteca do chão e tocá-la com sua raquete para um de seus integrantes.

Observações: As petecas podem ser substituídas por bolinhas de espuma ou até mesmo por balões de aniversário.

Fonte: Baseado em Orlick, T.

7.10 PASSE COOPERATIVO COM PETECAS COMUNS

Espaço: Externo ou interno, desde que amplo.

Materiais: Petecas comuns.

Descrição: Entre seis e doze jogadores formam um círculo, unidos pelas mãos. O objetivo do grupo é manter uma peteca comum no ar, evitando que caia no chão, tocando-a com qualquer parte de seu corpo, sem soltar as mãos.

Variações: Podemos dificultar a atividade fazendo com que os alunos não possam usar um ou os dois pés.

Fonte: Original.

8

Atividades com paraquedas

Por que utilizar paraquedas?

Se existe um material que facilita as ações cooperativas de todo o grupo e ainda por cima garante a diversão, ele é o paraquedas.

A principal característica dos jogos com paraquedas centra-se na capacidade que têm para reunir um grupo de pessoas em uma atividade não competitiva, na qual cada um dos participantes trabalha para alcançar um objetivo comum enquanto se diverte.

Por outro lado, o paraquedas torna possível o trabalho em grupo, numa mesma atividade, de crianças de diferentes idades, todas juntas, de modo que facilita a relação dos participantes não apenas dentro de seu grupo como também entre grupos distintos. Além disso, também permite a realização de atividades físicas em que pais e mães participam ativamente com seus filhos.

É um material que facilita a integração de pessoas com necessidades educacionais, visto que ninguém se destaca do grupo nem por suas habilidades especiais nem por seus problemas motores. As adaptações dos jogos, quando necessárias, são muito simples; por exemplo, cruzarem-se por baixo do paraquedas em duplas de mãos dadas, caso haja alguma criança cega, ou erguer um cartão com a cor correspondente para indicar as pessoas que devem trocar de lugar, caso haja alguma criança surda.

O paraquedas representa um espaço de socialização onde os alunos compartilham sentimentos com o grupo e superam inseguranças. Uma vez que é impossível manipular um pedaço tão grande de tecido sem a cooperação de todo o grupo, o espírito de equipe é gerado imediatamente e sentimentos individuais de receio quanto ao resultado convertem-se em sentimentos de êxito coletivo e aumento da autoestima. Até mesmo as barreiras linguísticas são demolidas depois de rir sob o gigantesco tecido do paraquedas, um bom começo para a integração de alunos imigrantes que ainda não dominam a língua do país de acolhimento.

Por meio dos jogos com paraquedas os alunos podem aprender os nomes dos colegas, conhecer seus gostos, seus desejos, suas preocupações... Propostas como "troquem de lugar aqueles que têm poucos amigos", formuladas dentro de um contexto de diversão, conduzem a respostas honestas e permitem ao aluno descobrir que não está sozinho e que várias pessoas do grupo compartilham dos mesmos sentimentos, o que aumentará a confiança de todos.

Em suma, embora seja um material do qual convém não abusar, o paraquedas é um excelente recurso para ir produzindo, durante as primeiras aulas do curso, uma atmosfera positiva dentro do grupo e para ser utilizado em atividades indicadas a facilitar a integração na turma de alunos novos ou com dificuldades de relacionamento ou de comunicação com os colegas.

Onde utilizar o paraquedas?

Precisamos de um espaço amplo, tanto em ambientes fechados como ao ar livre. Não são nada recomendáveis os espaços com areia, ainda que seja pouca, já que, ao inflar o paraquedas, ela pode entrar nos olhos dos participantes. Tampouco é aconselhável espaços com pedras, pois elas podem rasgar o paraquedas.

Um espaço interno amplo, ou externo, como um pátio liso de concreto ou, melhor ainda, uma área gramada, são lugares ideais para iniciar a aventura das atividades com paraquedas.

Uma última advertência: o tecido do paraquedas costuma ser altamente inflamável, por isso, caso optemos por utilizá-lo fora do ambiente escolar, devem ser evitados espaços onde existam churrasqueiras, fogueiras ou algo do gênero.

Como começar?

Para não perder muito tempo, o melhor a fazer é formar um círculo com os alunos e colocar o paraquedas no centro. O próprio grupo ajudará a estendê-lo.

Como estender o paraquedas?

Há três possibilidades. A primeira é com as palmas para baixo, colocando o polegar por baixo do tecido e os outros quatro dedos, por cima. A segunda é o inverso, com as palmas para cima, ou seja, o polegar no alto do tecido e os outros quatro dedos por baixo. A terceira possibilidade é uma combinação de ambas, isto é, uma mão segura com a palma para baixo e, a outra, com a palma para cima.

Qualquer uma das três possibilidades é válida e elas podem ser intercambiáveis entre si à medida que os alunos manifestarem cansaço.

O ponto de partida para os diferentes jogos é chamado de posição de base, na qual os jogadores posicionam-se em pé ao redor do paraquedas, segurando-o com qualquer uma das três opções descritas antes, e com os joelhos levemente flexionados. Os alunos ficam com os braços para baixo e sustentam o paraquedas na altura de seus quadris, de modo que não fique muito esticado, mas assuma um formato levemente côncavo.

Quais são os movimentos básicos necessários para praticar os jogos?

Existem três movimentos básicos que os alunos devem dominar antes de seguir para a prática dos diferentes jogos descritos: inflar, desinflar e ondas.

Inflar – Esse movimento é descrito na literatura sob vários nomes: cogumelo, guarda-chuva, bolha, balão... Partindo da chamada posição de base, contamos "um, dois... pra cima!" Na hora do "pra cima", todos os jogadores levantam os braços ao mesmo tempo, esticando o corpo para o alto, enquanto dão um passo em direção ao centro do paraquedas. A partir do momento em que o grupo realizar esse movimento sem dificuldades, podemos propor sua execução cada vez mais alta, ou seja, um inflar cada vez maior. Para isso, basta ir aumentando progressivamente o número de passos que os participantes dão em direção ao centro do paraquedas.

Desinflar – Partindo da posição de inflado, os alunos deixam que o paraquedas se desinfle lentamente, baixando os braços à medida que ele vai perdendo o ar, retrocedendo os passos que avançaram. É importante frisar que ninguém deve baixar os braços abruptamente, de modo que o grupo seja capaz de coordenar os movimentos de cada um dos participantes.

Ondas – Partindo da posição de base, os jogadores agitam os braços para cima e para baixo com variada intensidade. O movimento do tecido assemelha-se às ondas do mar. Esse movimento é executado espontaneamente por todos os grupos quando entram em contato com o paraquedas; portanto, não é necessário bater muito nessa tecla.

Podemos contar uma história para regular a intensidade das ondas: o paraquedas é um mar que a princípio está calmo, então, é um pouco agitado pela brisa, aí a brisa se transforma em vento, que sopra cada vez mais forte, mais forte... até virar uma grande tempestade. Pouco a pouco a tempestade vai passando, sopra o vento, a brisa... e o mar volta a ficar calmo.

Como recolher o paraquedas?

Após a realização de uma série de atividades que envolvam o uso do paraquedas, a última etapa é recolhê-lo.

A maneira mais fácil e rápida de recolhê-lo é reunindo os alunos em volta do paraquedas, de modo que as duas metades do círculo comecem a enrolá-lo enquanto caminham lentamente em direção ao centro. O paraquedas vira uma espécie de "salsicha" ou "linguiça" (conforme o chamam), que enfiamos em sua bolsa.

Existe uma forma cooperativa de recolher o paraquedas, recomendável apenas para crianças maiores de 12 anos. Todos seguram o paraquedas e esticam o tecido. Ao sinal, levantam os braços, e metade dos alunos caminha até o lado oposto, de modo que o paraquedas é dobrado ao meio e torna-se um semicírculo. Essa operação é repetida até que o paraquedas seja completamente dobrado. A princípio, essa forma é um pouco complicada, por isso devemos dizer a cada aluno que caminha até o lado oposto com qual colega ele deve juntar as pontas do paraquedas. Depois de um pouco de prática, fica fácil.

8.1 OLÁ!

Espaço: Externo ou interno, desde que amplo.

Materiais: Um paraquedas.

Descrição: Todo o grupo posiciona-se ao redor do paraquedas. O objetivo do jogo é cada aluno se apresentar aos seus colegas; para isso, o grupo inicia a atividade dizendo "Um, dois... [o nome de um participante previamente determinado]!" Nesse momento, o grupo infla o paraquedas e o aluno chamado enfia-se embaixo dele. Quando o paraquedas é desinflado, a pessoa que está no centro dele aparece com a cabeça pela abertura central, cumprimentando o grupo. Seus colegas dizem "Olá, [nome do colega que está no centro]!" e simulam ondas com o tecido do paraquedas. O processo se repete com o grupo chamando, desta vez, o aluno situado à direita do que entrou. Quando o paraquedas é inflado, a nova pessoa chamada vai para o centro enquanto a que está lá retorna à sua posição inicial no círculo. A atividade termina quando todas as pessoas já tiverem se apresentado ao grupo.

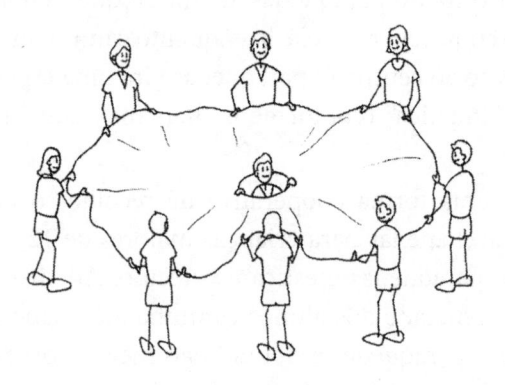

Variações: O aluno que está no centro fica encarregado de chamar o próximo colega que vai entrar e não é necessário seguir uma determinada ordem.

Observações: Se a abertura do paraquedas não for suficientemente larga, o aluno que estiver no centro pode simplesmente levantar sua mão.

Fonte: Baseado em Orlick, T.

8.2 ABRAÇOS

Espaço: Externo ou interno, desde que amplo.

Materiais: Um paraquedas.

Descrição: Todo o grupo posiciona-se ao redor do paraquedas. O objetivo do jogo é descobrir o que temos em comum com os demais participantes. O professor inicia a atividade dizendo "Um, dois [uma característica, por exemplo, quem está com tênis brancos, quem é alto, quem nasceu em janeiro...]!" Nesse momento, todos levantam seus braços, erguendo, assim, o paraquedas, e todos aqueles participantes que batem com a característica mencionada correm para o centro e se dão um forte abraço, sendo cobertos pelo tecido do paraquedas. O professor, então, diz "Um, dois, fora!" e, assim que o grupo volta a inflar o paraquedas, os alunos que se abraçaram retornam aos seus lugares. O processo é repetido quantas vezes se queira.

Variações: Em vez de se abraçarem, os alunos podem realizar outras ações, como formar uma estátua coletiva ou tentar dar as mãos com o máximo possível de colegas que reúnam a característica mencionada e sair por baixo do paraquedas antes que o tecido encoste neles.

Fonte: Baseado em Jares, X.

8.3 CONJUNTO DE CORES

Espaço: Externo ou interno, desde que amplo.

Materiais: Um paraquedas.

Descrição: Todo o grupo posiciona-se ao redor do paraquedas e cada aluno será uma das seguintes cores: vermelho, verde, amarelo ou azul. O objetivo do jogo é fazer com que vários participantes troquem suas posições ao redor do paraquedas, cruzando-se por baixo do tecido. O professor inicia o jogo dizendo "Um, dois [uma das quatro cores]!" Nesse momento, o grupo infla o paraquedas e os participantes da cor mencionada trocam de lugar, cruzando-se por baixo do tecido do paraquedas, evitando que ele encoste neles. O processo é repetido quantas vezes se queira.

Variações: Podemos dizer duas ou três cores de uma só vez, e todos os participantes vinculados a tais cores trocam de lugar por baixo do paraquedas. Podemos também dizer duas cores, de forma que os alunos da primeira cor troquem de lugar por baixo do paraquedas e, os da segunda, façam-no ao redor do paraquedas. Outra possibilidade para qualquer uma das propostas anteriores é a de que, antes de trocarem de lugar, os alunos devam passar por baixo das pernas de um dos colegas que infla o paraquedas, o que dificulta ainda mais a atividade. Para terminar, podemos propor que, quando o professor diz "Conjunto de cores!", o grupo infle o paraquedas, solte-o e, enquanto o tecido estiver descendo, os alunos tentem se enfiar embaixo dele.

Fonte: Baseado em Orlick, T.

8.4 MANTEANDO OBJETOS

Espaço: Externo ou interno, desde que amplo.

Materiais: Um paraquedas, balões de aniversário, bolas de tamanhos variados, bolas de praia...

Descrição: Todo o grupo posiciona-se ao redor do paraquedas. O objetivo do jogo é mantear diferentes objetos, evitando que quiquem para fora do paraquedas. O jogo começa ao se colocar sobre o paraquedas a quantidade de objetos que se deseja mantear. Então, o grupo começa a sacudir o tecido tratando de fazer os objetos pularem suficientemente alto para apará-los de volta com o paraquedas. Os objetos que caírem no chão não podem ser devolvidos ao paraquedas. A atividade termina quando não sobrar mais nenhum objeto para mantear.

Variações: Pode ser determinado um tempo fixo para os alunos mantearem os objetos. O objetivo do grupo é fazer com que no tecido do paraquedas reste um mínimo de objetos previamente estipulado. Uma variação dessa mesma proposta é estabelecer um tempo depois do qual deverá haver ainda pelo menos um objeto sobre o tecido do paraquedas; se o grupo conseguir fazê-lo, passa ao próximo nível, no qual deve manter pelo menos dois objetos durante o tempo combinado, depois três objetos, quatro, e assim por diante. O jogo termina quando o grupo não consegue manter sobre o paraquedas o número de objetos correspondente ao nível que chegaram. Outra possibilidade é tirar par ou ímpar: ao fim do tempo estipulado, deve haver um número par ou ímpar de objetos no tecido do paraquedas; caso o grupo falhe, sofre uma penalização, e o jogo termina depois de um determinado número de penalizações previamente definido. Combinando as variações anteriores, podemos tirar par ou ímpar estipulando também um número mínimo de objetos que deva ficar sobre o paraquedas.

Observações: Dado o esforço que costuma ser exigido dos participantes nessa atividade, convém estipular tempos curtos de manteio.

Fonte: Baseado em Orlick, T.

8.5 MANTEANDO OBJETOS EM GRUPO

Espaço: Externo ou interno, desde que amplo.

Materiais: Um paraquedas, balões de aniversário, bolas de tamanhos variados, bolas de praia...

Descrição: Metade do grupo assume uma cor, digamos, verde, e a outra metade fica com outra cor, por exemplo, vermelho. Os alunos, então, posicionam-se ao redor do paraquedas, intercalando as duas cores. O objetivo do grupo é mantear diferentes objetos colocados sobre o paraquedas o máximo de tempo possível. O grupo inicia a atividade sacudindo o tecido, procurando fazer com que os diferentes objetos pulem o mais alto possível para apará-los logo em seguida com o paraquedas. O professor, então, diz "Vermelhos [ou verdes], para fora!", e todos os jogadores da cor correspondente abandonam o tecido do paraquedas e tratam de recolher os objetos que caíram para fora, devolvendo-os ao paraquedas. Quando o professor diz "Todos para dentro!", os alunos retornam ao paraquedas. O jogo termina quando não sobrar nenhum objeto no paraquedas para mantear.

Variações: Para dificultar mais a ação do jogo, podemos instituir a regra de que o jogador com um objeto na mão não pode mover os pés. Assim, ele deve lançar o objeto no paraquedas do lugar onde o recolheu ou então passá-lo a um colega situado mais próximo do tecido.

Observações: Dado o esforço que costuma ser exigido dos participantes nessa atividade, convém revezar os grupos de tempos em tempos.

Fonte: Baseado em Velázquez, C.

8.6 O NAVIO

Espaço: Externo ou interno, desde que amplo.

Materiais: Um paraquedas e uma bola.

Descrição: Todo o grupo posiciona-se ao redor do paraquedas, sobre o qual depositamos a bola. Fingimos que a bola é um navio e o objetivo do jogo é levar o navio até a ilha (a abertura central do paraquedas). Se a bola cair do paraquedas, significa que o grupo "naufragou" e não cumpriu, portanto, seu objetivo. O jogo termina quando a bola entra pela abertura central do paraquedas ou quando cai fora dele.

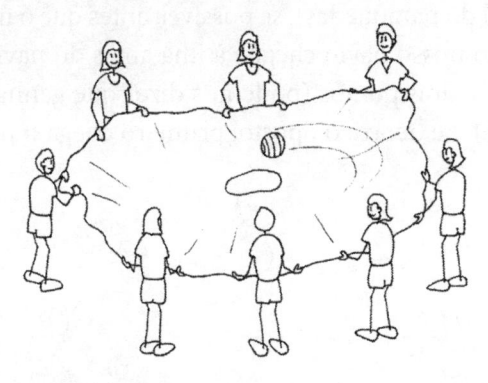

Variações: O grupo dispõe de várias bolas, de tamanhos diferentes. Começa a atividade com a menor de todas; caso alcance seu objetivo, tenta o mesmo com a segunda menor, e assim sucessivamente até o grupo naufragar. Quantos navios os alunos conseguiram levar até a ilha? Podemos facilitar a ação estipulando um tempo e contando somente o número de navios que o grupo consegue levar até a ilha, independentemente daqueles que naufragaram. Podemos dizer aos alunos que, se um navio naufraga, eles devem repetir a viagem com a mesma bola ou então passar para a próxima bola em tamanho.

Observações: A dificuldade desse jogo obviamente dependerá da diferença entre o diâmetro da abertura central do paraquedas e o da bola; com isso em mente, podemos tornar esse mesmo jogo muito fácil ou muito difícil.

Fonte: Baseado em Velázquez, C.

8.7 O NAVIO PIRATA

Espaço: Externo ou interno, desde que amplo.

Materiais: Um paraquedas e duas bolas de cores diferentes.

Descrição: Todo o grupo posiciona-se ao redor do paraquedas, sobre o qual depositamos duas bolas de cores diferentes. Fingimos que uma das bolas é o nosso navio e, a outra, um navio pirata. O objetivo do jogo é levar nosso navio até a ilha (a abertura central do paraquedas), se possível, antes que o navio pirata o faça. Caso nosso navio chegue à ilha antes do navio pirata, o grupo marca dois pontos (podemos dizer que ganha duas partidas extras). Se ocorre o oposto, primeiro chega o navio pirata

e depois o nosso, o grupo marca um ponto (ganha uma partida extra). Se qualquer um dos dois navios naufraga, o grupo perde a partida que está jogando. O jogo começa conferindo à turma um determinado número de partidas e termina quando o grupo não possui mais partidas para continuar jogando.

Observações: Para facilitar ou dificultar a atividade, podemos fazer com que nosso navio seja menor que o navio pirata, ou vice-versa.

Fonte: Original.

8.8 PEPITAS DE OURO

Espaço: Externo ou interno, desde que amplo.

Materiais: Um paraquedas e várias bolas, uma delas diferente do restante.

Descrição: Todo o grupo posiciona-se ao redor do paraquedas, sobre o qual depositamos várias bolas, sendo uma de cor ou tamanho diferente das demais. Fingimos que cada uma das bolas iguais é uma pepita de ouro e que a bola diferente é uma pedra. O objetivo do grupo é introduzir pela abertura do paraquedas o máximo de pepitas de ouro que puder, evitando que a pedra caia fora do paraquedas. Caso uma pepita saia do paraquedas, não pode retornar a ele. Contamos o número de pepitas que o grupo consegue introduzir pela abertura central. O jogo termina quando a pedra cai do paraquedas ou entra pela abertura central.

Variações: Para facilitar mais o jogo, podemos introduzir mais de uma pedra. O jogo termina quando não sobrar mais nenhuma pedra sobre o paraquedas. Podemos também dar aos alunos a opção de devolver ao tecido as pepitas que caírem fora do paraquedas. Se quisermos aumentar a intensidade do jogo, ao mesmo tempo em que dificultamos a ação do grupo, podemos estipular um tempo para o jogo terminar, mesmo que a pedra continue sobre o paraquedas.

Fonte: Baseado em Velázquez, C.

8.9 ENCESTANDO NO PNEU

Espaço: Externo ou interno, desde que amplo.

Materiais: Um paraquedas, várias bolinhas de tênis ou similares, e uma carcaça de pneu.

Descrição: Todos os participantes distribuem-se ao redor do paraquedas. Colocamos sobre o tecido entre quinze e trinta bolinhas de tamanho similar às de tênis. Por baixo do paraquedas, onde localiza-se a abertura central, posicionamos uma carcaça de pneu. O objetivo do grupo é fazer com que o maior número possível de bolinhas caia dentro do pneu. Não é permitido devolver ao tecido do paraquedas as bolinhas que caírem no chão.

Variações: Podemos definir, antes de começar o jogo, um número específico de bolinhas que os alunos devem encestar no pneu.

Caso consigam, ganham o prêmio de repetir a partida, mas retirando todas aquelas bolinhas que caíram no chão. O jogo termina quando o grupo atinge o número de bolinhas estipulado.

Fonte: Baseado em Velázquez, C.

8.10 BOM DIA!

Espaço: Externo ou interno, desde que amplo.

Materiais: Um paraquedas.

Descrição: Cada participante é identificado por um número. O jogo começa com todo o grupo disposto ao redor do paraquedas, exceto uma pessoa, que se posiciona no centro. O professor inicia a atividade dizendo "Entra o número... [diz o número de um dos alunos]!" Nesse momento, o grupo infla o paraquedas e a pessoa cujo número foi dito vai até o centro, enquanto aquela que estava lá busca um lugar ao redor do paraquedas. Entretanto, antes de chegarem aos seus lugares, ambos os alunos devem cumprimentar um ao outro, apertando as mãos, enquanto o que entra diz "Bom dia, amigo!", e o que sai responde "Até a próxima, amigo!" O objetivo do grupo é não deixar o tecido do paraquedas tocar nenhuma das duas pessoas que se cumprimentam. O processo é repetido quantas vezes se queira.

Variações: Podemos aumentar a dificuldade e a diversão da atividade iniciando-a com duas ou até três pessoas no centro e entrando duas ou três pessoas de cada vez. Podemos tanto fazer com que cada pessoa que entra cumprimente uma que sai como que todas as pessoas que entram cumprimentem todas as que saem.

Observações: Com grupos de mais de vinte pessoas, a primeira versão pode ser maçante, por isso aconselhamos começar por ela e repeti-la quatro ou cinco vezes, até que os alunos compreendam a dinâmica da atividade, para então passar à variação sugerida.

Fonte: Original.

8.11 O IGLU

Espaço: Externo ou interno, desde que amplo.

Materiais: Um paraquedas.

Descrição: Todo o grupo posiciona-se ao redor do paraquedas. Ao sinal, o grupo infla o paraquedas, cada participante coloca os braços para trás, levando o tecido do paraquedas à altura das nádegas, e senta-se em cima dele. Assim, os alunos formam uma espécie de bolha com toda a turma em seu interior. Lá dentro, podem comentar os jogos que realizaram com o paraquedas, contar piadas e propor novos jogos.

Variações: Caso um dos alunos erga a cabeça pela abertura central, o grupo pode brincar de "o que é que estou vendo?" O aluno que adivinhar a charada que propõe o colega do centro, assume o posto dele.

Observações: Caso estejamos em um ambiente aberto e fizer calor, o interior do iglu pode funcionar como uma espécie de sauna, por isso é importante ventilá-lo após alguns minutos ou até mesmo interromper a brincadeira. Essa atividade é ideal para finalizar uma aula de jogos com paraquedas.

Fonte: Baseado em Orlick, T.

8.12 A PIRANHA

Espaço: Externo ou interno, desde que amplo.

Materiais: Um paraquedas.

Descrição: O grupo faz um iglu com o paraquedas. Uma pessoa ergue a cabeça pela abertura central: será o vigia. O professor ou qualquer outro aluno é a piranha que circula ao redor do iglu beliscando tudo que encontra pela frente. Para evitá-la, cada pessoa pode mover seu corpo, jogando-o para frente, desde que mantenha suas duas mãos sobre o tecido do paraquedas. Além disso, o vigia se encarrega de avisar o grupo sobre a localização da piranha. De tempos em tempos, os alunos revezam os papéis.

Observações: Não convém prolongar essa atividade por mais do que alguns minutos caso estejamos em um ambiente externo e a temperatura for elevada, já que o interior do iglu funciona como uma espécie de sauna.

Fonte: Original.

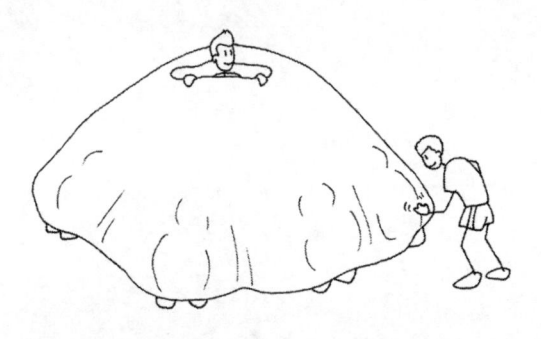

9
Atividades com cadeiras

9.1 IMAGENS

Espaço: Interno e amplo.

Materiais: Uma cadeira por participante.

Descrição: Todos os participantes se situam na posição que preferirem, espalhados pela sala. A única condição é que cada jogador possa tocar na cabeça de pelo menos um colega. A partir da posição inicial, o objetivo do grupo é conseguir formar com as cadeiras as imagens que vão sendo pedidas pelo professor (quadrado, círculo, fileira, uma determinada letra ou número...), sendo que cada aluno deve terminar em uma cadeira diferente. A única regra é que ninguém pode pisar no chão. Se alguém cair, deve retornar com sua cadeira para onde o jogo começou. O jogo termina quando o grupo atinge seu objetivo.

Variações: Podemos variar a forma de resgate. Por exemplo, quando um aluno cai no chão torna-se uma estátua de gelo e só pode ser descongelado com um abraço do outro colega.

Fonte: Baseado em Velázquez, C.

9.2 O LAGO ENCANTADO

Espaço: Interno.

Materiais: Uma cadeira por participante.

Descrição: O jogo começa com todas as cadeiras dispostas de maneira aleatória, mas uma ao lado da outra. Cada participante inicia o jogo em pé sobre uma cadeira. O professor explica que eles estão em um lago encantado, onde  qualquer um que cair nele terá seu coração congelado. O objetivo do grupo é atravessar o lago pisando apenas nas pedras (cadeiras) e evitando que alguém caia na água. Aqui também vale a regra de que, se algum colega cair no lago, ele pode ser resgatado com um abraço de outro aluno.

Variações: A partir da proposta inicial podemos introduzir uma infinidade de variações, a fim de criar uma história imaginária. Por exemplo, o Bruxo Rufus (o professor) caminha por ali com uma varinha mágica (um cabo de vassoura) e todos que são tocados por ela caem no lago. O Bruxo Rufos pode fazer encantamentos como mandar que fiquem de olhos fechados aqueles que toca, unir as mãos de dois participantes, remover algumas cadeiras vazias etc.

Fonte: Original.

9.3 SIM OU NÃO

Espaço: Interno.

Materiais: Uma cadeira por participante.

Descrição: O jogo começa com todas as cadeiras dispostas em círculo, viradas para o lado de dentro, e com cada participante em cima de uma cadeira diferente. O professor, posicionado no centro do círculo, diz uma característica, por exemplo: "ter nascido em janeiro", "ter olhos azuis", "gostar de lentilhas" etc. As pessoas que se identificarem com o que foi dito deslocam-se, sem tocar o chão, para a cadeira à sua direita, e, as que não se identificarem, permanecem em seus lugares. Ao longo do jogo, pode acontecer de várias pessoas ficarem sobre uma mesma cadeira, por isso todos devem cooperar para que ninguém caia no chão. Se ainda assim alguém cair, gritamos "piranhas!", e então todos pulam no chão e correm para ocupar a cadeira em que começaram o jogo. O professor aproveita esse momento para bancar a piranha, ou seja, beliscar suavemente qualquer um que ainda não tenha subido em sua cadeira.

Variações: Para facilitar a ação, podemos propor que os jogadores que se identificarem com a característica especificada pelo professor decidam se vão para uma cadeira à sua direita ou uma cadeira à sua esquerda.

Observações: É bastante comum entre alunos menores que alguns tenham a tendência de se lançar voluntariamente ao chão gritando "piranhas!", para que o professor os persiga. Nesses casos, é aconselhável suprimir as "piranhas".

Fonte: Baseado em Velázquez, C.

9.4 DANÇA DAS CADEIRAS COOPERATIVA

Espaço: Interno e amplo.

Materiais: Uma cadeira a menos que o número de participantes, e um aparelho de som.

Descrição: As cadeiras são dispostas em círculo, com os assentos voltados para o lado de fora. Os participantes posicionam-se, um atrás do outro, do lado de fora do círculo de cadeiras. Quando a música toca, todos eles se movem na mesma direção em torno do círculo de cadeiras. Quando a música para, todos buscam uma cadeira para se sentar. O objetivo do grupo é fazer com que todos os participantes se sentem nas cadeiras disponíveis. É permitido que várias pessoas ocupem uma mesma cadeira, desde que cada uma delas esteja em contato com a cadeira com alguma parte de seu corpo. Se o grupo atinge seu objetivo, o jogo recomeça com uma cadeira a menos. Em quantas cadeiras o grupo todo será capaz de se sentar?

Variações: Para dificultar o jogo podemos propor que, ao parar a música, ninguém possa tocar o chão quando sentar nas cadeiras disponíveis. Para facilitá-lo, estabelecemos que uma pessoa pode sentar-se sobre outra desde que essa segunda esteja com uma parte de suas nádegas sobre a cadeira.

Observações: É aconselhável verificar o estado das cadeiras. As da sala de aula, se não estiverem deterioradas, suportam perfeitamente o peso de todo o grupo.

Fonte: Baseado em Orlick, T.

9.5 A FAZENDA

Espaço: Interno e amplo.

Materiais: Uma cadeira por participante, e papéis com os nomes de quatro animais: cachorro, gato, galo e ovelha.

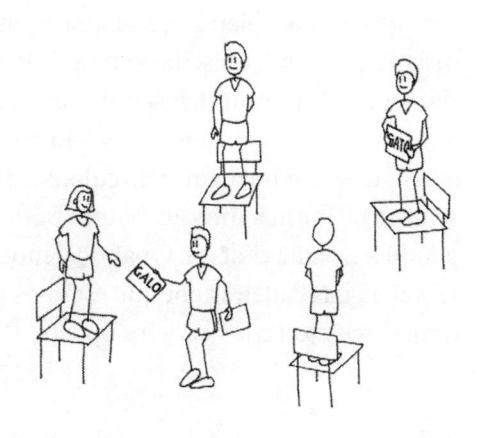

Descrição: Os participantes colocam sua cadeira em um ponto qualquer da sala e sobem nela. O professor dá a cada jogador um papel que tenha o nome ou o desenho de um dos seguintes animais: cachorro, gato, galo e ovelha. O objetivo do grupo é fazer com que todos os animais de um mesmo tipo terminem em uma das quatro zonas da sala delimitadas para esse propósito, cada um sobre uma cadeira.

Variações: O desafio e a diversão aumentam se os animais não puderem falar, mas somente emitir o som que lhes é próprio. Podemos, além disso, definir quatro zonas para onde os animais devem ir, sem especificar que animal tem de ir para determinada zona. Outra variação que muda substancialmente o desenvolvimento do jogo é o número de papéis com o nome de cada animal que distribuímos. O que acontece, por exemplo, se há apenas um galo e uma ovelha e o restante são cachorros e gatos?

Fonte: Original.

9.6 UM ABRAÇO, AMIGO!

Espaço: Interno e amplo.

Materiais: Duas cadeiras por participante, diferentes pares de objetos e um aparelho de som.

Descrição: O jogo começa com metade das cadeiras dispostas em círculo, os assentos voltados para o lado de dentro, com cada participante em cima de uma cadeira diferente. O professor coloca dois objetos iguais, por exemplo, dois panos de uma mesma cor, sobre duas das cadeiras do círculo, e espalha aleatoriamente no interior dele a outra metade das cadeiras. Enquanto a música toca, os jogadores vão passando de uma cadeira a outra, das que formam o círculo, sem ultrapassar os outros, e sempre na mesma direção. Nunca pode haver duas pessoas ocupando a mesma cadeira. Quando a música para, as duas pessoas sentadas nas cadeiras em que estão os dois objetos pegam cada uma o seu e o leva à cadeira oposta. Para fazerem isso, podem

pisar apenas nas cadeiras posicionadas dentro do círculo e, no meio do caminho, devem cumprimentar uma à outra com um abraço, dizendo: "Um abraço, amigo!" Se ambas atingem seu objetivo, o professor coloca dois novos objetos, por exemplo, dois copinhos de iogurte, sobre duas outras cadeiras, para que dessa vez haja duas duplas se cruzando. Caso algum dos alunos que se cruzam, ou ambos, pisem no chão, o jogo recomeça com o mesmo número de objetos. Quando várias duplas se cruzam, para poder introduzir dois novos objetos, todos devem ter alcançado seu objetivo, além de os integrantes das respectivas duplas se cumprimentarem ao se cruzarem.

Variações: A diversão aumenta quando o grupo tem de mudar de direção cada vez que o professor diz "Mudando!", enquanto a música toca.

Observações: Caso não disponhamos de cadeiras suficientes, algumas do interior do círculo podem ser substituídas por carcaças de pneus, bambolês ou jornais.

Fonte: Original.

9.7 O RESGATE

Espaço: Externo ou interno, desde que amplo.

Materiais: Uma cadeira a menos do que o número de participantes.

Descrição: Marcamos no chão duas linhas paralelas, separadas por uma certa distância (quanto maior a distância, maior a dificuldade do jogo). A atividade começa com todos os jogadores e todas as cadeiras atrás de uma das linhas. O objetivo do grupo é atravessar um grande rio cheio de piranhas, pisando somente nas cadeiras, e terminar na outra margem, juntamente com as cadeiras. Se alguém cair no rio, essa pessoa e a cadeira que estiver mais avançada têm de retornar à margem inicial. Se o grupo atinge seu objetivo, uma cadeira é removida e o jogo recomeça. Com quantas cadeiras os alunos conseguem atravessar o lago?

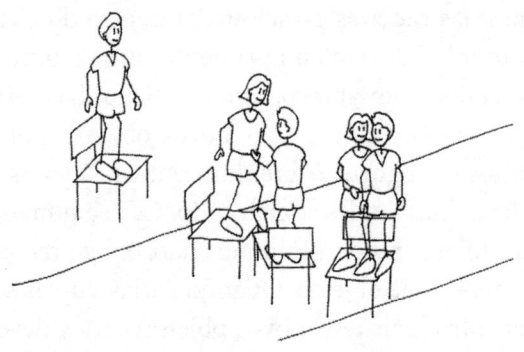

Variações: O jogo se torna ainda mais difícil se, ao longo do caminho, cada aluno tiver de ficar sempre em contato com pelo menos um colega.

Fonte: A variação é original e a origem do jogo, desconhecida.

9.8 A PONTE

Espaço: Interno.

Materiais: Quatro cadeiras a mais do que o número de participantes.

Descrição: Formamos uma fileira de cadeiras. Metade dos participantes posiciona-se numa extremidade da fileira e, a outra metade, na outra. Fingimos que são exploradores que estão diante de uma ponte que devem atravessar, evitando cair no rio infestado de piranhas. O objetivo do grupo é que todas as pessoas atravessem a ponte, sem cair no rio das piranhas, obedecendo às seguintes regras:

1) As cadeiras não podem se mover, já que a ponte se romperia.

2) Todos os participantes devem estar sobre a ponte durante todo o percurso, exceto, é claro, aqueles que já conseguiram atravessar sem cair no rio.

3) Se alguém cair no rio, essa pessoa e um de seus colegas que já atravessou retornam à posição inicial. Agora, se nenhum de seus colegas tiver atravessado, o colega que estiver à frente do grupo retorna à posição inicial.

O jogo termina quando o grupo atinge seu objetivo.

Variações: Além das regras anteriores, podemos introduzir a de que ninguém pode recuar. Podemos aumentar a dificuldade do jogo propondo que ninguém pode tocar duas cadeiras ao mesmo tempo e torná-lo ainda mais difícil se houver apenas uma cadeira a mais do que o número de participantes.

Observações: Uma variável que aumenta ou diminui a dificuldade do jogo é a posição dos encostos das cadeiras.

Fonte: Original.

9.9 QUEBRA-CABEÇA

Espaço: Interno.

Materiais: Uma cadeira a mais do que o número de participantes.

Descrição: Dispomos as cadeiras em fileira. Os participantes dividem-se em dois grupos separados pela cadeira que está no meio da fileira. Cada participante inicia o jogo em pé sobre uma cadeira, virado para o grupo oposto. A única cadeira que fica vazia é a do centro. O objetivo do jogo é fazer com que cada grupo troque de lado em relação à cadeira do centro, respeitando as seguintes regras:

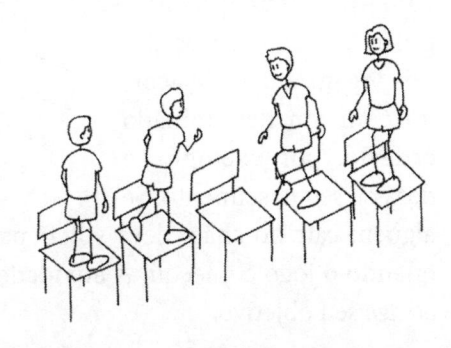

1) As cadeiras não podem se mover.

2) Um mesmo participante não pode tocar duas cadeiras ao mesmo tempo.

3) Ninguém pode recuar.

4) Ninguém pode tocar no chão.

Se qualquer uma dessas regras for quebrada, os alunos devem recomeçar. O jogo termina quando o grupo atingir o objetivo proposto.

Variações: Podemos aumentar a dificuldade do jogo e estimular uma maior cooperação entre os participantes se uma pessoa em cada grupo ficar com os olhos vendados.

Observações: Para que o quebra-cabeça possa ser solucionado, o número de participantes deve ser par. Convém começarmos com pequenos grupos, de quatro ou seis alunos, e ir aumentando gradualmente o número.

Fonte: Original, baseado em um quebra-cabeça tradicional que é feito com moedas.

9.10 ORDEM NA FILEIRA

Espaço: Interno.

Materiais: Cadeiras do mesmo número de participantes.

Descrição: Formamos uma fileira com as cadeiras, e os participantes começam o jogo em cima de cada uma delas. O objetivo do grupo é fazer com que, sem que ninguém toque o chão, os alunos organizem-se de acordo com um determinado critério, por exemplo, a data de seu nascimento. Se  alguém cair no chão, deve voltar para a cadeira que ocupava quando o jogo começou. A atividade termina quando o grupo atinge seu objetivo.

Variações: Podemos tornar essa atividade mais difícil se ninguém puder falar.

Fonte: Baseado em Orlick, T.

9.11 PALAVRAS

Espaço: Interno.

Materiais: Cadeiras do mesmo número de participantes. Um cartão com uma letra impressa nele para cada jogador.

Descrição: Formamos uma fileira com as cadeiras, e os participantes começam o jogo em cima de cada uma delas. Cada jogador leva pendurado em seu pescoço um cartão com uma letra. O objetivo do grupo é formar, sem que ninguém toque o chão, o máximo de palavras possível em um tempo previamente determinado. Se alguém cair no chão, o grupo desconta uma palavra, e aquele que caiu deve retornar à cadeira que ocupava quando o jogo começou.

Variações: As palavras têm valores diferentes dependendo do número de letras que as compõem. Em vez de uma letra, algum aluno pode carregar um asterisco, que servirá como uma espécie de coringa e poderá substituir qualquer letra na hora de formar palavras.

Fonte: Original.

10
Atividades sensoriais e de percepção

10.1 O ASTRONAUTA

Espaço: Interno.

Material: Vendas.

Descrição: Grupos de quatro a seis alunos. Um deles deita-se de barriga para cima com os olhos vendados. Seus colegas seguram-no pelos pulsos, tornozelos e cabeça. Eles podem movê-lo ou elevar seu corpo e membros, tentando variar os movimentos, que devem ser muito suaves e, se possível, assimétricos. O aluno que está suspenso terá a sensação de ausência de peso.

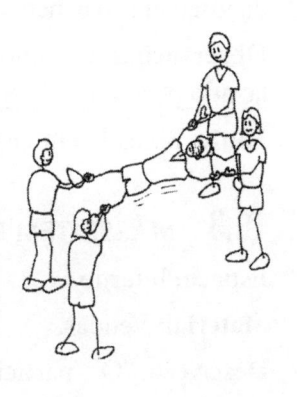

Variações: Os colegas podem levantá-lo do chão e movimentá-lo como um balanço. Eles também podem deitá-lo em cima de um colchonete, que será balançado pelas alças por seus colegas.

Observações: Para produzir outras sensações, pode ser útil ser primeiro balançado com os olhos destapados.

Fonte: Desconhecida.

10.2 CÍRCULO DE AMIGOS

Espaço: Interno.

Material: Vendas.

Descrição: Cerca de cinco alunos formam um círculo ao redor de um colega que está com os olhos vendados. Eles empurram o colega delicadamente, deixando-o cair de um lado para o outro, sem que mova seus pés, como um joão-bobo.

Variações: O aluno é balançado por apenas dois colegas. Ele simplesmente se deixa cair, pois seus colegas se encarregam de deter a queda e voltar a erguê-lo. Em cima de um banco sueco, o aluno vendado tenta manter-se em pé sem cair, enquanto os colegas deslocam cuidadosamente o banco (a experiência é muito semelhante a surfar).

Observações: O aluno que está no centro deve ficar o mais relaxado possível.

Fonte: Baseado em Orlick, T.

10.3 MASSAGEM EM CÍRCULO

Espaço: Interno.

Material: Vendas.

Descrição: Os participantes sentam-se em círculo, em grupos de dez a quinze, e se enumeram. Os números pares permanecem com os olhos fechados. Os ímpares se levantam e postam-se atrás dos colegas de número par para fazer-lhes uma massagem nos ombros e no

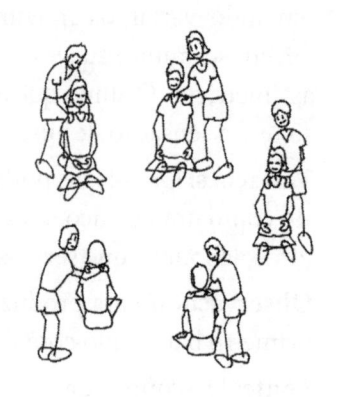

pescoço durante trinta segundos. Depois, os papéis se invertem.

Observações: É importante que os alunos que estão sentados não abram os olhos para descobrir quem os massageia, já que devem tentar adivinhar pelo contato.

Fonte: Desconhecida.

10.4 CONTAGEM DO TEMPO

Espaço: Interno.

Material: Vendas.

Descrição: Todo o grupo forma duplas, que ficam de mãos dadas. Elas se sentam confortavelmente, fecham os olhos e só os abrem novamente quando creem que já passou 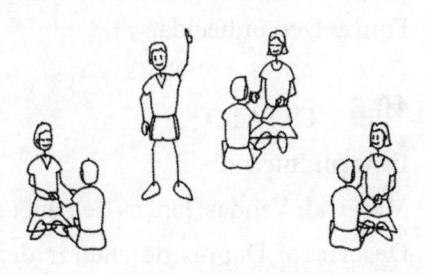 um minuto desde que os fecharam. Poderão constatar isso observando o professor: se ele estiver com o dedo levantado, é que passou um minuto; se não, os alunos se adiantaram. Os participantes se comunicam entre si com apertos de mão (o código que utilizarão pode ser um aperto de mão para indicar que creem que o minuto já passou, e dois apertos para indicar que não passou) para decidir quando devem abrir os olhos.

Variações: Aumentar o tempo de permanência com os olhos fechados para três a cinco minutos.

Fonte: Desconhecida.

10.5 RECONHECENDO OBJETOS

Espaço: Interno.

Material: Vendas e objetos de vários formatos.

Descrição: Com os olhos vendados, os participantes vão reconhecendo com as mãos vários objetos oferecidos pelos colegas.

Variações: Classificar os objetos de acordo com seu peso. Reconhecer moedas e ser capaz de separar determinadas quantias. Depositar vários objetos sobre uma esteira e reconhecê-los pisando neles descalço, depois de tê-los tocado com as mãos.

Fonte: Desconhecida.

10.6 OLFATO

Espaço: Interno.

Material: Vendas, lenços de papel e perfumes.

Descrição: Depois de cheirar dez tipos diferentes de perfumes, os participantes devem reconhecer sua fragrância em lenços de papel.

Variações: Tentar reconhecer diversas ervas aromáticas, como tomilho e orégano, ou então alimentos, como morango, chocolate...

Observações: É interessante que sejam os próprios guias que se ocupem de cuidar e proporcionar os elementos a seus colegas, de modo que eles se sintam protegidos.

Fonte: Desconhecida.

10.7 RECONHECENDO OS COLEGAS

Espaço: Interno.

Material: Vendas.

Descrição: Os participantes formam duplas e têm seus olhos vendados. Então, separam-se e têm de voltar a se encontrar, tocando, para isso, os colegas que vão encontrando pela frente. Quando todos já encontraram seu par (ou acharem que encontraram), o professor dá um sinal para que removam as vendas. Se quisermos dificultar a atividade, os participantes poderão tocar somente do pescoço para cima.

Variações: Os participantes caminham com os olhos vendados por uma área reduzida. Quando se encontram com algum colega, apalpam seu rosto e têm de adivinhar quem é. Os participantes não apenas devem reconhecer o colega com o qual se encontram, como também sua expressão (tristeza, alegria, medo...).

Fonte: Desconhecida.

10.8 QUEM ME TOCOU?

Espaço: Interno.

Material: Vendas.

Descrição: Todos os participantes caminham com os olhos vendados por uma área reduzida. Quando se encontram com algum colega, um dos dois toca o rosto do outro. Aquele que é tocado tem de reconhecer se a pessoa

que o toca é um menino ou uma menina. Pode expressar sua opinião por meio de apertos de mão (um aperto para menino e dois para menina, ou vice-versa). Quando aquele que foi tocado der sua opinião, seu colega responde se ele acertou ou não; em seguida, ele tenta, também, adivinhar quem o tocou.

Variações: Os participantes não apenas devem reconhecer o colega com o qual se encontram, como também sua expressão (tristeza, alegria, medo...).

Fonte: Desconhecida.

10.9 PRESSENTINDO O CONTATO

Espaço: Interno.

Material: Vendas.

Descrição: Os participantes formam duplas. Um dos alunos estende a mão lentamente na direção do colega, que deve tentar sentir quando seu parceiro entra em "seu espaço". Para isso, é muito importante a confiança e empatia entre os dois.

Observações: Essa atividade não funciona com todos os grupos, embora a maioria das pessoas tenha alguma capacidade de experimentar determinadas sensações, como acontece, por exemplo, quando estão sendo observadas fixamente por alguém. De qualquer forma, para aqueles que conseguem, pode ser uma experiência muito interessante.

Fonte: Original.

10.10 TÔ AQUI!

Espaço: Interno.

Material: Vendas.

Descrição: Os participantes formam duplas. O professor separa seus integrantes, distribuindo-os pelo ginásio. Eles devem tentar unir-se novamente reconhecendo-se pela voz, mas só podem dizer "tô aqui!"

Variações: Os alunos só podem miar, mugir, latir, piar, enfim, reproduzir a voz de um animal e devem reunir-se com outros da mesma espécie. O professor, ao atribuir um animal a cada aluno, encarrega-se de espalhá-los pela sala.

Fonte: Desconhecida.

10.11 O CUCO

Espaço: Interno.

Material: Vendas.

Descrição: Todos os participantes, exceto um, o "cuco", ficam de olhos vendados. Quando um se encontra com outro, pergunta "cuco?", na esperança de achá-lo. Se o colega também lhe pergunta, fica claro que ele não é o cuco, portanto, os dois devem

continuar procurando. Caso um aluno pergunte "cuco?" e não obtenha resposta, é porque o encontrou. Em completo silêncio, o cuco e ele dão as mãos. O objetivo é que todo o grupo termine de mãos dadas.

Variações: Conforme os participantes vão dando a mão para o cuco, eles podem remover as vendas.

Observações: Em momento algum os participantes podem dizer outra palavra que não "cuco?"

Fonte: Baseado em Orlick, T.

10.12 LOUSA HUMANA

Espaço: Interno.

Material: Vendas.

Descrição: Escrevemos números ou letras nas costas dos colegas, que devem reconhecê-los.

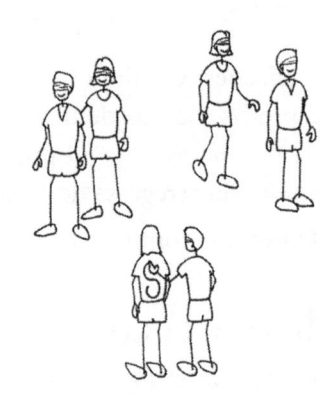

Variações: Telefone sem fio. Os participantes formam uma fileira e tentam transmitir para frente a mensagem que o último da fileira escreve nas costas da pessoa que está à sua frente. A mensagem pode ser de algumas letras ou uma palavra. Outra opção é apoiar um número de dedos nas costas do colega, que deve adivinhar quantos são.

Fonte: Jogo tradicional.

10.13 ESTÁTUAS

Espaço: Interno.

Material: Vendas.

Descrição: Um participante deve tocar e reconhecer, com

os olhos vendados, a figura que o colega está formando. Sem retirar a venda, "modelará" um terceiro colega, reproduzindo a estátua original.

Variações: Os participantes devem reconhecer a figura que é formada por outros dois colegas e reproduzi-la eles próprios. Podemos realizar também em dois grupos de quatro.

Fonte: Desconhecida.

10.14 A PAREDE

Espaço: Interno.

Material: Vendas.

Descrição: Dois alunos de mãos dadas posicionam-se a uma certa distância de uma parede. Primeiro, medem a distância entre eles e a parede caminhando até ela com os olhos destapados e retornam ao ponto de partida. Em seguida, tentam dar os mesmos passos com os olhos vendados, para verificar se percorreram a mesma distância.

Observações: Os participantes podem estender os braços para frente para protegerem-se e sentirem-se mais seguros.

Fonte: Original.

10.15 CONECTANDO

Espaço: Interno.

Material: Vendas.

Descrição: Em duplas, os integrantes posicionam-se um de frente para o outro e estendem suas mãos para frente até que suas palmas entrem em contato. Em seguida, ambos fecham os olhos, tentando sentir a energia através de suas mãos. Então, deixam cair os braços, dão três passos para trás e três voltas no mesmo lugar. Depois, ainda com os olhos fechados, tentam voltar a conectar as palmas de suas mãos.

Variações: Os alunos podem tentar conectar outra parte do corpo (exceto as palmas das mãos), que os colegas escolhem antes de fechar os olhos. Fazer isso acrescenta emoção à conexão. Os alunos podem jogar em grupos, formando um círculo. Unimos as palmas de cada mão com as de nossos vizinhos, fechamos os olhos, damos três passos para trás, três voltas no mesmo lugar e então tentamos nos conectar novamente.

Observações: Os alunos podem começar apenas conectando as mãos e dando três voltas, deixando os passos para trás e para a frente para uma segunda tentativa. Na hora de reconectar as mãos, os alunos devem manter os braços levemente flexionados, em vez de completamente estendidos, para amortecer potenciais choques.

Fonte: Baseado em Orlick, T.

10.16 NÓS

Espaço: Interno.

Material: Vendas.

Descrição: Todos os participantes usam vendas nos olhos. Quando se encontram com um colega, dão a mão a fim de entrelaçarem-se todos num nó gigante. Em seguida, abrem os olhos e desfazem o novelo sem soltar as mãos.

Variações: Os participantes formam um círculo e dão a mão a duas pessoas que não estão juntas para formar o nó. A única pessoa com os olhos vendados é a do centro, em torno da qual os demais colegas formam um novelo e serão eles os encarregados de dizer-lhe como sair do rolo. Podemos introduzir outro aluno vendado do lado de fora do círculo. Todos seguem com os olhos vendados, menos uma pessoa, que os guia a partir do exterior.

Observações: Podemos também realizar essa atividade sem nenhum aluno com os olhos vendados. Para isso, complicamos as coisas introduzindo uma corda que os participantes seguram na mão.

Fonte: Baseado em Orlick, T.

10.17 O SALTO

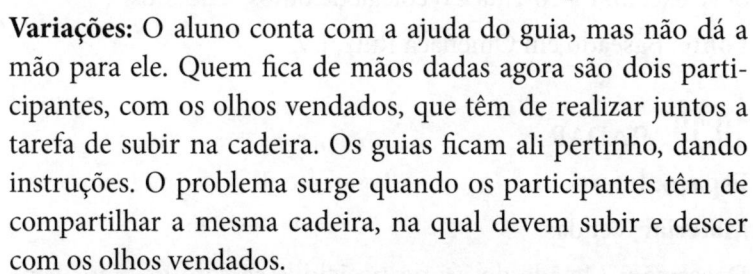

Espaço: Interno.

Material: Vendas e uma cadeira.

Descrição: Um participante, com os olhos vendados, sobe em uma cadeira com a ajuda de um guia, que segura sua mão, e salta dela para o chão.

Variações: O aluno conta com a ajuda do guia, mas não dá a mão para ele. Quem fica de mãos dadas agora são dois participantes, com os olhos vendados, que têm de realizar juntos a tarefa de subir na cadeira. Os guias ficam ali pertinho, dando instruções. O problema surge quando os participantes têm de compartilhar a mesma cadeira, na qual devem subir e descer com os olhos vendados.

Fonte: Desconhecida. Variação original.

10.18 CORRIDA ÀS CEGAS

Espaço: Externo ou interno, desde que amplo.

Material: Vendas.

Descrição: Os participantes formam duplas. Um deles coloca uma venda nos olhos e o outro atua como um guia e zela por sua segurança. Ambos começam a andar cada vez mais rápido, até correrem. Eles testam várias vezes, enquanto o medo diminui, até correrem o mais rápido que puderem.

Variações: O aluno com os olhos vendados apenas corre para seus colegas, que o guiam por meio da voz. Quando chega até eles, eles o seguram para detê-lo com cuidado.

Observações: Por questão de segurança, o guia deve ter em mente que quem deve regular a velocidade com que a dupla deve executar a corrida é o colega de olhos vendados.

Fonte: Baseado em Omeñaca Ruiz, J.V.

10.19 RADAR

Espaço: Interno.

Material: Vendas.

Descrição: Metade do grupo posiciona-se com os olhos vendados dentro do círculo formado pela outra metade, que fica unida pelas mãos. Os vendados devem deslocar-se dentro do círculo, sem colidir com seus colegas. Para isso, devem continuamente dizer "bip-bip".

Variações: Cada um faz um barulho diferente.
Fonte: Desconhecida.

10.20 ROBÔS

Espaço: Interno.
Material: Vendas.
Descrição: A turma se divide em grupos de quatro alunos. Em cada grupo, um integrante será responsável por guiar seus três colegas, que estarão vendados. Os participantes sempre se deslocam em linha reta, a menos que o guia indique o contrário. Quando os vendados se chocam com alguma coisa ou com alguém, eles ficam parados no lugar emitindo o "bip-bip", até que o guia os resgate.

Variações: Três guias tentam manter toda a turma vendada em movimento sem que nenhum aluno se choque com os colegas. Ou sem guias, como se fossem carros circulando por uma área; quando algum aluno se choca com outro, eles dizem "bip-bip" e depois de alguns segundos continuam caminhando até chegar a um determinado lugar, por exemplo, o outro lado da sala de aula, um canto etc.

Fonte: Desconhecida.

10.21 TRENZINHO

Espaço: Interno.

Material: Vendas.

Descrição: Grupos de cerca de três pessoas formam um trenzinho, colocando as mãos sobre os ombros do colega à sua frente. Todos ficam com os olhos vendados, exceto o último da fileira, que é o maquinista. Ele é o encarregado de indicar a direção aos outros, por meio de toques leves no ombro do colega à sua frente, que, por sua vez, deverá transmitir a direção ao próximo aluno da fileira, e assim sucessivamente. Os participantes não podem falar durante a atividade. Os toques nos ombros podem indicar virar à direita ou à esquerda, parar ou dar marcha à ré. Os alunos tentam percorrer uma área cheia de obstáculos sem que o trenzinho se choque ou descarrile. As posições vão se alternando de tempos em tempos.

Variações: Quando um trem se choca, ele fica parado até que o primeiro aluno de outro trem dê um abraço no primeiro aluno do trem avariado.

Observações: É extremamente importante realizar a atividade com grupos pequenos, pois um grande número de integrantes pode atrapalhar a fluidez da transmissão da informação e malograr a atividade. Como sempre, é desejável que cada um dos participantes passe por todas as posições.

Fonte: Desconhecida.

10.22 ALVO ÀS CEGAS

Espaço: Interno.

Material: Vendas e bolas de espuma.

Descrição: Um dos participantes é vendado e fica com uma bola de espuma nas mãos. O restante dos jogadores distribui-se livremente pela área da atividade. O objetivo do jogo é fazer com que os alunos que não estão vendados orientem, por meio de ruídos, o colega que está com a venda, para que ele saiba a  localização deles. O aluno vendado deverá, então, lançar a bola a um de seus colegas. Se der certo, os papéis se invertem.

Variações: Podemos fazer com que toda a turma participe ao mesmo tempo da atividade, alguns com os olhos vendados e o restante indicando-lhes sua posição, para permitir que os alunos invertam rapidamente os papéis, que é o objetivo do jogo.

Observações: Aqueles que não estão vendados devem permanecer imóveis para que os outros possam lhes lançar a bola.

Fonte: Desconhecida.

10.23 MOVIMENTANDO-SE COM UM LIVRO

Espaço: Interno.

Material: Livros e vendas.

Descrição: Em duplas, com os olhos vendados, cada aluno carrega um livro colocado sobre a cabeça. Eles devem tentar se sentar e se   levantar, sem deixar o livro cair, ajudando o colega, que deve fazer o mesmo.

Variações: Somente um integrante da dupla carrega o livro sobre a cabeça, embora ambos estejam com os olhos vendados. Deitar-se no chão de barriga para cima ou de barriga para baixo. Tocar entre a dupla uma bola sonora com os pés ou com as mãos; nesse caso, eles deverão receber a ajuda de um colega, que impedirá que a bola escape do alcance de seus braços ou pernas.

Fonte: Desconhecida.

10.24 BOLA NA BARRIGA

Espaço: Interno.

Material: Vendas e bolas sonoras.

Descrição: Todos os participantes ficam com os olhos vendados e deslocam-se de quatro, porém, de barriga para cima, equilibrando uma bola sobre ela. Eles devem se movimentar pela área da atividade sem deixar a bola cair. Quem derrubá-la, fica pa-

rado no lugar pedindo ajuda até que um colega venha em seu socorro e volte a colocar a bola em sua barriga, sem que a sua própria caia no chão durante o processo.

Variações: Os alunos trabalham em duplas, e aquele que está com a bola deve passá-la ao colega, que a equilibrará sobre a barriga. De quatro, os alunos carregam um saquinho de areia ou uma bola sobre as costas.

Fonte: Desconhecida.

10.25 SIGA A CORDA

Espaço: Interno.

Material: Vendas para os olhos, bem como cordas e materiais variados para montar um circuito, como plintos, cavalos de ginástica, bolas, caixas...

Descrição: Com os olhos vendados, os participantes seguem o percurso traçado por uma corda (ou várias, caso seja necessário amarrar mais), segurando-a com as mãos. Qualquer elemento na zona é um obstáculo que deve ser evitado ou superado. De vez em quando, haverá objetos amarrados na corda, que os alunos deverão reconhecer.

Variações: Os alunos devem seguir o percurso andando sobre a corda com os pés descalços.

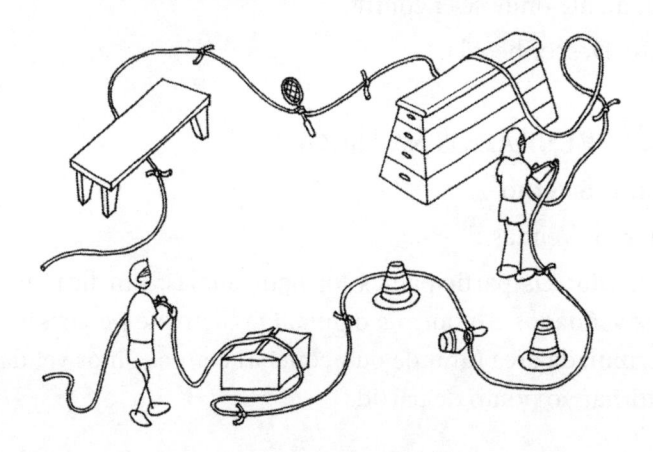

Observações: Vários participantes sem vendas serão responsáveis por monitorar seus colegas.

Fonte: Desconhecida.

10.26 ESBOÇO ÀS CEGAS

Espaço: Interno.

Material: Vendas e materiais variados para montar um circuito.

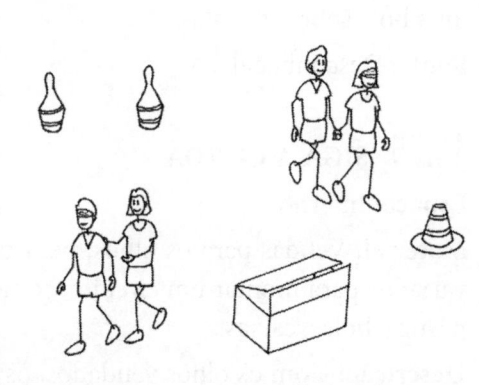

Descrição: Cada participante, com os olhos vendados, é acompanhado por um guia que o conduz por toda a área da atividade, que está cheia de obstáculos espalhados pelo chão. O participante, depois de concluir o trajeto, fará um desenho ou esboço do percurso realizado e os obstáculos encontrados.

Variações: Em duplas e com os olhos vendados, os alunos devem caminhar em silêncio com os braços à frente para que não se choquem, tentando reconhecer o caminho. Quando o professor indica o fim da atividade, o participante deve saber aproximadamente onde se encontra.

Fonte: Desconhecida.

10.27 VENDADOS NA ESCOLA

Espaço: Externo.

Material: Vendas.

Descrição: Os participantes formam duplas, um fica com os olhos vendados e o outro é o guia. O objetivo é percorrer uma determinada área (grande ou pequena) com os olhos vendados e retornar ao ponto de partida.

Variações: Os participantes formam duplas e ficam com os olhos vendados. Vários alunos não estarão vendados, para garantir a segurança de seus colegas e avisar o momento em que eles devem retornar. Eles não podem falar, apenas se comunicar por meio de apertos de mão. Se a área possui árvores, o guia leva seu parceiro até uma delas. O vendado reconhece a árvore, apalpando-a pelo tempo que for necessário. Então, o guia o afasta alguns metros e lhe dá vários giros de 360 graus. O vendado retira a venda e, apalpando-a, tenta reconhecer qual era sua árvore.

Observações: Podemos pedir aos participantes que comentem sobre quais lugares acreditam ter estado.

Fonte: Original.

10.28 LABIRINTO DE COLCHONETES

Espaço: Interno.

Material: Vendas e colchonetes, além de bastões, para simular bengalas.

Descrição: Os participantes formam duplas e ficam com os olhos vendados. Pedimos que eles atravessem um labirinto de colchonetes colocados no chão, com a ajuda de uma bengala. Um labirinto simples de fazer poderia ser criado posicionando-se os colchonetes no chão em ângulos retos entre si, como os labirintos clássicos dos passatempos.

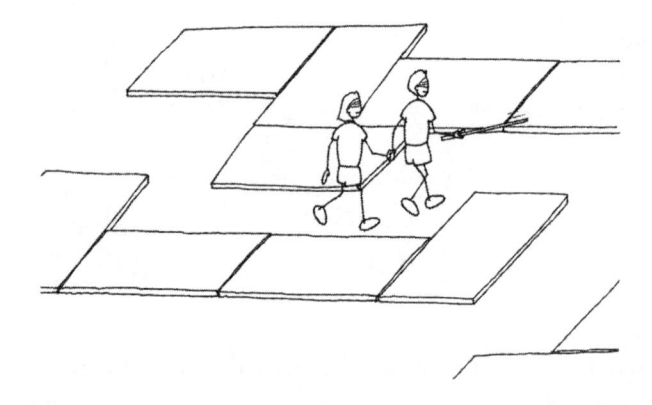

Variações: Os participantes não podem falar, apenas se comunicar por meio de apertos de mão.
Fonte: Desconhecida.

10.29 CIRCUITO DE OBSTÁCULOS

Espaço: Interno.
Material: Vendas e materiais variados para montar um circuito.
Descrição: Os participantes formam duplas: um deles será o vendado e, o outro, o guia. Os alunos vendados aguardam fora

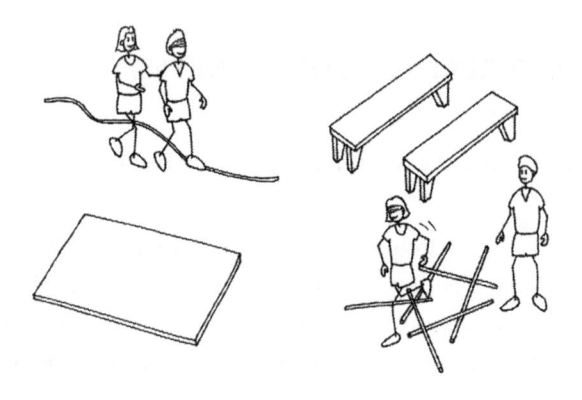

da zona de jogo, enquanto seus colegas montam um circuito cheio de obstáculos, que pode incluir habilidades como caminhar sobre um banco sueco; caminhar sobre dois bancos suecos paralelos com um pé em cada banco; escalar um banco sueco inclinado, enganchado a certa altura em uma espaleira, e, quando alcançar a espaleira, subir por ela e descer do outro lado, onde haverá outro banco inclinado, e descer por ele; caminhar sobre uma corda estirada no chão, que indica o trajeto; rastejar por baixo de colchonetes; atravessar "selvas" feitas de bastões entrecruzados ou teias de aranha feitas de faixas elásticas ou cordas; dar cambalhotas (inclusive várias seguidas) etc. Quando o circuito estiver montado, os participantes entram com os olhos já vendados para que não o vejam e o percorrem três vezes, a cada volta contando menos com a ajuda de seu guia. A primeira volta pode ser feita de mãos dadas. Na segunda e na terceira, o guia pode experimentar soltar a mão do colega e dar-lhe apenas instruções verbais. Outra possibilidade é que a última volta seja realizada apenas com uma bengala.

Variações: Podemos enumerar os pontos pelos quais os participantes passarão no circuito e, numa quarta volta, pedir-lhes para saltar alguns pontos intermediários para vermos qual é a representação do espaço que têm na cabeça. Isso é quase impossível de conseguir, mas serve para fazê-los sentir as dificuldades diárias das pessoas com problemas de visão. Os guias podem decidir alterar o trajeto do percurso de seus colegas ou mudar por completo a direção se virem que a atividade está muito fácil.

Fonte: Original.

10.30 GOLS ÀS CEGAS

Espaço: Quadra poliesportiva.

Material: Vendas e bolas sonoras.

Descrição: Os participantes, com os olhos vendados, devem tentar marcar o máximo de gols. Cada vez que marcam, o professor anuncia e joga a bola de volta para o campo. A atividade é realizada com várias bolas. Os alunos devem decidir como se distribuem por toda a área de jogo para recolher as bolas e chutá--las para o gol. Eles podem se dividir em "catadores", "transportadores" e "chutadores", de acordo com seu grau de mobilidade. Dois participantes ficam posicionados nas traves do gol, gritando "trave direita" ou "trave esquerda", para ajudar os "chutadores", e também para indicar-lhes onde a bola foi lançada. Outros alunos, ainda, devem ajudar seus colegas zelando por sua segurança e avisando-os onde há bolas paradas que deixaram de quicar ou rolar e, portanto, de fazer barulho.

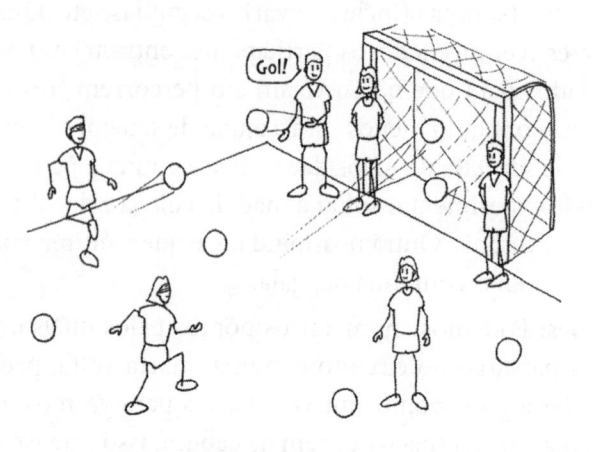

Variações: O gol é trocado por uma caixa de papelão, e o professor entra dentro dela. O objetivo da atividade é evitar que a caixa fique sem nenhuma bola; para isso, o professor vai anunciando em voz alta a quantidade de bolas que resta na caixa, lançando-as periodicamente de volta para o campo. De olhos vendados, os participantes formam grupos de três a seis e dão as mãos. Eles podem se posicionar em fileira ou, o que é mais difícil, em círculo. Sem quebrar a formação, devem percorrer a área da atividade para recolher todas as bolas que estão no chão e colocá-las na caixa. Um aluno, que não está de vendas, fica responsável por ajudar cada grupo. As bolas, uma vez recolhidas, não podem ser lançadas de volta ao campo, têm de ser jogadas na caixa.

Observações: É imprescindível que haja silêncio para que os alunos vendados possam ouvir o som produzido pelas bolas, bem como as orientações dos colegas.

Fonte: Baseado em Omeñaca Ruiz, J.V.

10.31 ACERTANDO NO BAMBOLÊ

Espaço: Interno.

Material: Vendas, um bambolê e uma bola sonora.

Descrição: Os participantes, com os olhos vendados, têm de acertar a bola num bambolê suspenso por um outro aluno; para isso, podem contar com a ajuda dos colegas que não estão vendados, que lhes darão as instruções necessárias.

Variações: Podemos usar também as tabelas de basquete. Um aluno roda um bambolê no chão para que aqueles que estão com os olhos vendados tentem fazer a bola atravessar por ele. Um participante entra com um carrinho de compras por um corredor formado por aqueles que estão com os olhos vendados e, ao ouvirem o carrinho passando, eles têm de jogar as bolas dentro dele.

Fonte: Original.

10.32 A GRANDE DIVISÃO

Espaço: Interno.

Material: Vendas.

Descrição: Os participantes, em grupos de seis, dão as mãos. Seus pés estão amarrados com os de seus vizinhos imediatos. Eles têm de cruzar uma área com a dificuldade adicional de ter de escolher três integrantes do grupo para ficar com os olhos vendados.

Fonte: Desconhecida.

11
Atividades de equilíbrio

Atividades curtas

11.1 CAMBALHOTA COOPERATIVA

Espaço: Interno.

Material: Colchonetes.

Descrição: Dois participantes dão as mãos e devem tentar dar uma cambalhota ao mesmo tempo, sem soltar as mãos.

Variações: Incluímos mais integrantes na dupla.

Observações: Realizar essa atividade somente com alunos que já saibam bem como dar uma cambalhota para frente.

Fonte: Baseado em Omeñaca e Ruiz.

11.2 MOVENDO-SE JUNTOS

Espaço: Interno.

Material: Colchonetes.

Descrição: Os participantes devem deslocar-se pela área da atividade em pequenos grupos, mantendo determinadas partes do corpo unidas. Por exemplo, podem rolar lateralmente mantendo os pés juntos, ou podem percorrer um circuito cheio de obstáculos que incluam escaladas, descidas etc., sem soltarem-se em momento algum. Eis algumas formas de os alunos manterem o contato (pode ficar a critério do professor): mão com pé, nádegas com nádegas, cabeça com ombro, cotovelo com joelho etc.

Variações: Os alunos dão as mãos e, em um grupo pequeno, têm de pular uma barra de salto em altura. Podemos ir aumentando a altura da barra a cada salto para complicar ainda mais a tarefa.

Dois alunos se deslocam buscando equilibrar-se um no outro. Por exemplo, um se coloca de costas para o outro, separados por um passo, e os dois vão se aproximando até conseguirem se apoiar mutuamente pelas costas, mais ou menos como se os dois estivessem sentados. Então, os alunos se deslocam juntos mantendo essa posição (e muitas outras que eles próprios devem descobrir).

Devem sustentar algum objeto entre si, como uma bola presa entre suas costas.

Deslocam-se segurando um bastão entre si com o peito dos pés.

Observações: Propor aos alunos que inventem novas formas de se deslocar ou novas habilidades é muito enriquecedor.

Fonte: Baseado em Omeñaca e Ruiz e Orlick.

11.3 ESTEIRA HUMANA

Espaço: Interno.

Material: Colchonetes.

Descrição: Os participantes, em um grupo pequeno, posicionam-se de quatro e em fileira, ligados de alguma forma (pelas mãos, pelos pés...). Um aluno deve caminhar sobre os colegas, sem tocar o chão, de um extremo ao outro; ao chegar do outro lado, ele se junta à fileira para que o colega da outra ponta se levante e caminhe sobre os colegas, e assim por diante. Alguns alunos devem ficar livres para ajudar seus colegas, evitando quedas.

Variações: Os alunos ficam em pé de mãos dadas, com as pernas ligeiramente flexionadas. A sensação de "escalar" os colegas para avançar sem tocar o chão é uma experiência nova e divertida.

Os participantes decidem a posição que os elos da cadeia podem adotar.

Observações: Devemos advertir os alunos a respeito de certas partes do corpo de seus colegas sobre as quais eles não devem se apoiar, para evitar lesões; por exemplo, há que se evitar apoiar-se na região lombar quando os alunos estiverem de quatro.

Fonte: Baseado em Omeñaca e Ruiz.

11.4 TODO MUNDO NO BAMBOLÊ!

Espaço: Interno.

Material: Bambolês.

Descrição: Os participantes posicionam-se dentro de um bambolê em grupos de três. Eles têm de se deslocar mantendo o bambolê na altura da cintura sem tocá-lo com as mãos. Se o bambolê cair no chão,   eles devem esperar outro grupo chegar e, sem que ninguém toque o bambolê com as mãos, os dois grupos devem trocar seus bambolês.

Variações: Os alunos têm de percorrer um circuito repleto de obstáculos, onde devem se sentar, caminhar sobre bancos suecos etc.

Em vez de um bambolê, eles se deslocam com um anel de cordas amarradas. A posição pode variar para engatinhar.

Deslocam-se cada um quicando uma bola, ou passando a bola entre eles.

Carregam o bambolê sobre suas cabeças, com as mãos nas costas.

Fonte: Baseado em Omeñaca e Ruiz.

11.5 BIOMBO

Espaço: Interno.

Material: Nenhum.

Descrição: Dois participantes posicionam-se de frente um para o outro e devem juntar as palmas das mãos, mantendo os braços estendidos. Em seguida, ambos dão um ou dois passos para trás, sem separar as mãos, de modo que fiquem apoiados um sobre o outro, mantendo o corpo inclinado. Nessa posição, eles têm de sustentar-se mutuamente, erguidos, sem mover os pés.

Variações: Os alunos se apoiam pelos joelhos.

Antes de se separarem, eles flexionam os braços até tocarem seus rostos.

Mantendo o equilíbrio, eles vão descendo até se agacharem ou ficarem de joelhos.

Observações: Propor aos alunos que inventem novas maneiras de realizar essa atividade produz uma fonte inesgotável de possibilidades.

Fonte: Baseado em Orlick, T.

11.6 LEVANTANDO-SE EM DUPLAS

Espaço: Interno.

Material: Nenhum.

Descrição: Dois participantes posicionam-se de frente um para o outro, de mãos ou de braços dados. Eles têm de se sentar e voltar a se levantar sem perder o equilíbrio ou soltar-se em momento algum.

Variações: Em vez de darem as mãos ou os braços, os alunos podem segurar cada qual numa das extremidades de um bastão ou de uma corda dobrada em dois, embora o contato físico entre eles fique reduzido.

Eles podem tentar em quatro, seis ou mais pessoas, formando um círculo. Quanto mais participantes, mais complicada a atividade se torna.

Os alunos não dão as mãos ou entrelaçam os braços com o colega mais próximo, mas com algum que está um pouco mais distante.

Eles tentam realizar a atividade de costas um para o outro, com os braços entrelaçados. Também podem tentar com mais participantes, formando um círculo, embora devam começar primeiro com três participantes, mantendo os ombros muito bem apoiados nos de seus colegas.

Observações: Existem outras variações que podem surgir se propusermos aos alunos que inventem novas formas de realizar essa atividade.

Fonte: Baseado em Orlick, T.

11.7 TODOS AO MESMO TEMPO

Espaço: Interno e amplo.

Material: Uma corda longa, de preferência também grossa, amarrada para formar um anel.

Descrição: Um grupo de oito a dez pessoas formam um círculo e, apoiando bem firme os pés no chão e garantindo que a corda esteja esticada, tentam se levantar todos ao mesmo tempo. Se conseguirem, voltam a se sentar.

Variações: Posicionando-se no interior do círculo formado pela corda, os alunos a apoiam em suas costas.

Posicionam-se de forma intercalada: alguns ficam no interior da corda, virados para o exterior, e outros mantêm a posição original.

Colocam-se lado a lado e soltam uma das mãos, de modo que uma segura a corda e a outra, o pé do colega que está à sua direita.

Seguram a corda com as mãos e se deixam cair na direção do exterior do círculo. Espera-se que o círculo de corda não se mova nem um pouco. Os alunos também podem entrar no círculo e apoiar as costas na corda.

Eles introduzem uma bola no interior da corda, que devem tocar uns para os outros com os pés.

Fonte: Desconhecida. Variações originais.

11.8 A ESTRELA

Espaço: Interno e amplo.

Material: Nenhum.

Descrição: Os participantes, de mãos dadas, formam um círculo. Os braços ficam estendidos e as pernas, ligeiramente afastadas. Os alunos são classificados com os números 1 e 2. Os de número 1 devem deixar-se cair para frente, enquanto que os de número  2 o fazem para trás. Se conseguirem, eles voltam a ficar eretos e alternam suas posições.

Variações: Os alunos introduzem uma bola no interior da estrela, que devem tocar uns para os outros com os pés.

Observações: É melhor começar com cerca de oito participantes para estimular o contato dentro do grupo.

Fonte: Desconhecida.

11.9 A MINHOCA

Espaço: Interno e amplo.

Material: Nenhum.

Descrição: Os participantes formam um círculo, que vai se estreitando até que cada aluno senta-se sobre os joelhos do colega que está ao seu lado. Nessa posição, o grupo tenta caminhar, levantar as mãos, bater palmas, tocar o chão com uma mão, andar para trás (momento em que geralmente todo mundo desaba) etc.

Variações: Os alunos podem formar uma fileira em vez de um círculo. Para fazer isso, dois ou três colegas têm de segurar as costas do último da fileira, e é aconselhável que os mais pesados se posicionem entre os primeiros da fileira.

Organizam-se em fileira, em posição de carrinho de mão, e levantam os pés para apoiá-los sobre os ombros do colega que está atrás. Os alunos também podem realizar a atividade de barriga para cima.

Observações: Nessa última variação, é importante tomar cuidado para que as costas não sofram qualquer tipo de lesão.

Fonte: Desconhecida.

11.10 SOLTANDO O BASTÃO

Espaço: Interno e amplo.

Material: Bastões.

Descrição: Dois participantes posicionam-se a uma determinada distância um do outro segurando verticalmente um bastão no chão. Ao sinal, ambos devem soltar seu bastão e segurar o do colega antes que caia no chão.

Variações: Os alunos formam um círculo e cada um deve segurar o bastão do colega à sua direita.

Quatro alunos posicionam-se em cruz, e cada um deve segurar o bastão do colega à sua frente. O problema surge na hora de eles se cruzarem.

Deslocam-se de quatro.

Trocam um bambolê, que devem girar no lugar.

Fonte: Desconhecida. Algumas variações são originais.

11.11 PASSANDO O BASTÃO

Espaço: Interno e amplo.

Material: Bastões.

Descrição: Alguns participantes equilibram um bastão na palma da mão e caminham pelo ginásio. Quando se encontram com um colega sem bastão, devem passar para sua mão sem que ele caia no chão.

Variações: Todos equilibram um bastão em uma das mãos e vão caminhando. Quando um aluno encontra com um colega, ele deve passar o bastão para a mão dele ao mesmo tempo em que recebe o do outro, sem que nenhum dos dois deixe os bastões caírem.

Os bastões também podem ser equilibrados com outras partes do corpo: antebraço, ombro, cabeça, pés etc.

Dois alunos seguram dois bastões como se estivessem suspendendo uma padiola. Então, equilibram sobre eles um terceiro bastão, que tentarão passar de uma dupla para outra.

Podemos introduzir obstáculos para que os alunos subam e desçam degraus, ajoelhem-se ou sentem-se etc., enquanto prosseguem trocando seus bastões.

Também podemos realizar a atividade com bolas, que eles devem segurar antes que quique uma segunda vez.

Fonte: Desconhecida. Variações originais.

Equilibrando-se sobre objetos

11.12 BANCOS EM CRUZ

Espaço: Interno e amplo.

Material: Dois bancos suecos e colchonetes ao redor deles, para maior segurança.

Descrição: Posicionamos um banco sueco sobre o outro, em formato de cruz. Dois participantes ficam em pé no centro do banco e vão se afastando um do outro ao mesmo tempo, tentando manter o equilíbrio e evitando que o banco balance. Eles devem chegar cada um à sua extremidade do banco e depois retornar ao centro.

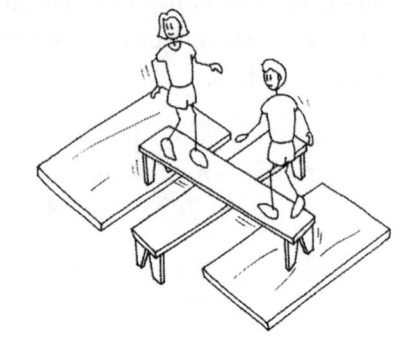

Variações: Aumentando o número de participantes, dois ou três alunos de cada lado ficam em pé no centro do banco e caminham até as extremidades.

Quando chegam às extremidades, retornam ao centro e têm de se cruzar. Nesse caso, vários colegas devem rodear os participantes, para evitar quedas.

Em grupos de seis, os alunos inventam formas de equilibrar-se sobre os bancos, podendo introduzir mais bancos, variar a sua posição...

Eles se movimentam no banco como se fosse uma gangorra e procurarão manter o equilíbrio tentando diversas posições, as mais complicadas que puderem.

O banco pode ser suspenso no ar por vários colegas, ou pode ter uma extremidade enganchada numa espaleira e a outra sustentada pelos colegas. Eles movimentam o banco no ar de modo que os que estão em cima dele "surfem" para manter o equilíbrio e realizar qualquer atividade que lhes seja proposta.

Observações: É melhor não usar bancos suecos que possuam uma travessa inferior nem posicioná-los de cabeça para baixo, já que podem não balançar corretamente.

Fonte: Baseado em Orlick, T.

11.13 SUBINDO TODOS NO BANCO

Espaço: Interno e amplo.

Material: Um banco sueco e muitos colchonetes ao redor dele, para maior segurança.

Descrição: O maior número de alunos deve conseguir ficar sobre um banco sueco por pelo menos três segundos, sem que nenhum deles toque o chão. Contam apenas aqueles que estiverem em cima do banco ou sobre as pessoas que estão em cima do banco. Os alunos que não estiverem no banco podem ajudar de fora os colegas a permanecerem sobre ele.

Variações: Em vez de um banco sueco podemos usar um plinto (valendo somente a parte superior), um colchonete (valendo apenas o terço central) ou até mesmo uma cadeira, de preferência bastante resistente.

Observações: Devemos ter muito cuidado com as quedas em grupo, por isso é fundamental que se desmanche a formação antes que ela entre em colapso. Os participantes devem encontrar a melhor maneira de se organizar: quais devem ser os últimos a subir no banco (os mais ágeis e leves), quais devem ficar fora do banco (os de maior envergadura e mais fortes), como devem posicionar-se os que ficam fora do banco (provavelmente a melhor opção seria de mãos dadas, amparando com o peito os colegas que estão em cima do banco).

Fonte: Baseado em Orlick, T.

11.14 BANCO VERTICAL

Espaço: Interno e amplo.

Material: Bancos suecos e colchonetes.

Descrição: Vários participantes seguram um banco sueco na posição vertical para que um colega suba nele e, lá em cima, passe para outro banco e desça por ele até o chão.

Variações: Um aluno sobe de cada lado e eles têm de se cruzar, descendo pelo lado oposto ao que subiram.

Têm de ficar em pé ou sentar-se no "cume" do banco (que não deve ser muito alto).

Sobem com os olhos vendados.

Dois alunos sobem de mãos dadas, sem soltá-las.

Sobem no banco de costas, em vez de fazê-lo de frente.

Observações: É imprescindível ter o máximo de cuidado ao sustentar os bancos; portanto, é recomendável que o grupo seja formado por, pelo menos, dez pessoas. Para obter o máximo de atenção à segurança na descida, pode ser útil utilizar um colchonete como "plataforma de descida", na qual os alunos devem transportar o colega, como numa bandeja, até o chão sem que ele próprio o toque.

Fonte: Desconhecida.

11.15 CIRCUITO COM ESQUIS COLETIVOS

Espaço: Interno e amplo.

Material: Esquis coletivos. Caso não haja disponibilidade desse equipamento, podemos fazer com que os alunos formem uma fileira, com os pés amarrados aos dos colegas da frente e de trás.

Descrição: Os participantes criam circuitos que, em seguida, terão de percorrer com os "esquis" nos pés. São muitas as habilidades que eles podem exercitar com esse equipamento, que obriga os participantes a se moverem todos juntos, depositando o peso sobre os pés de um mesmo lado para poderem levantar os do outro. Por exemplo, eles podem incluir na pista um colchão de queda para escalar, cones para caminhar em zigue-zague, colchonetes dobrados e bancos suecos para andar em cima, plintos para transpor etc.

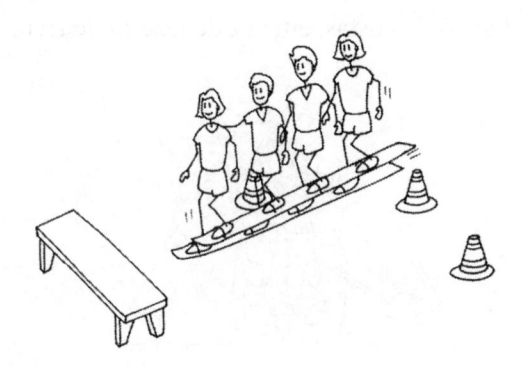

Variações: Os alunos tentam realizar um salto a distância. Recomenda-se fazer sobre colchonetes.

Todos os alunos, exceto o último da fileira, ficam com os olhos vendados. O último da fileira os orienta com toques nos ombros para indicar-lhes para parar, girar e dar marcha à ré. Também podemos intercalar pessoas com os olhos vendados.

Posicionam-se em esquis de duplas e um fica de costas para o outro.

Observações: Muitas das atividades mais fáceis que relacionamos neste livro, com raquetes, bolas etc., podem ser adaptadas para serem realizadas sobre "esquis".

Fonte: Original.

11.16 ESQUIS DE TRANSPORTE

Espaço: Interno e amplo.

Material: Esquis coletivos. Caso não haja disponibilidade desse equipamento, podemos fazer com que os alunos formem uma fileira com os pés amarrados aos dos colegas da frente e de trás.

Descrição: Os participantes tentam percorrer um circuito transportando objetos equilibrados sobre o "esqui". Posteriormente, podemos introduzir bolas, que os alunos podem levar quicando-as no chão, ou então completar um percurso chutando-as com os "esquis".

Variações: Todos os alunos, exceto o último da fileira, ficam com os olhos vendados. O último da fileira os orienta com toques nos ombros para indicar-lhes para parar, girar e dar marcha à ré. Também podemos intercalar pessoas com os olhos vendados.

Posicionam-se em esquis de duplas e um fica de costas para o outro.

Fonte: Baseado em Omeñaca e Ruiz.

11.17 LIMPEZA DE BOLAS

Espaço: Interno e amplo.

Material: Pernas-de-pau, bancos suecos e bolas leves.

Descrição: Os participantes, sobre pernas-de-pau, se posicionam dentro de um círculo delimitado por bancos suecos. O círculo possui uma única abertura por onde terão de sair todas as bolas que estão em seu interior. Para fazer isso, os alunos devem chutar as bolas com as pernas-de-pau.

Variações: Se algum aluno cair, ele terá de ser salvo por um colega, que deverá erguê-lo pela mão, sem que, para isso, solte a própria perna-de-pau.

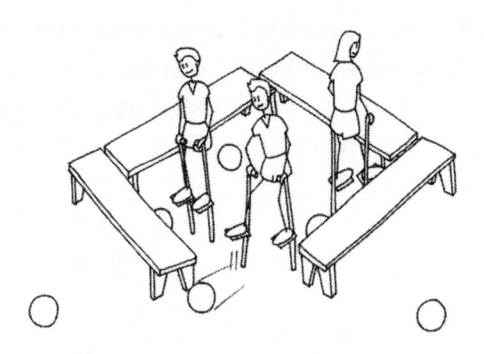

Em vez de um círculo de bancos, há participantes que impedem que as bolas se afastem e três caixas de papelão deitadas no chão. Em cada caixa só podem entrar bolas de determinada cor.

Observações: Pode ser útil contar com alunos que evitem que seus colegas caiam das pernas-de-pau, principalmente perto dos bancos.

Fonte: Baseado em Omeñaca e Ruiz.

11.18 RODA DE PERNA-DE-PAU

Espaço: Interno e amplo.

Material: Pernas-de-pau e bolas leves.

Descrição: Os participantes posicionam-se em círculo e, usando apenas as pernas-de-pau, chutam uma bola, que não pode sair do interior do círculo.

Variações: Introduzir mais bolas.

Os alunos têm de manter a bola ou as bolas no interior do círculo enquanto se deslocam pela área de jogo.

Eles têm que fazer a bola desviar de vários cones que estão

no chão quando eles estiverem no interior do círculo ou andar em zigue-zague para contornar os cones.

Se algum aluno cair, ele terá de ser salvo por um colega, que deverá erguê-lo pela mão sem que, para isso, solte a própria perna-de-pau.

Fonte: Baseado em Omeñaca e Ruiz.

11.19 CARONA COM O COLEGA

Espaço: Interno e amplo, ou externo.

Material: Pernas-de-pau.

Descrição: Um participante segura um par de pernas-de-pau pela parte superior. Então, um colega sobe nelas. O objetivo é fazer com que o aluno que está atrás conduza as pernas-de--pau, sincronizando os movimentos com o colega que está subindo, até que ele possa soltar totalmente as mãos, confiando em seu "guia".

Observações: O participante que está conduzindo as pernas--de-pau deve evitar soltá-las para que seu colega não caia e se machuque.

Fonte: Original.

11.20 TRENZINHO COM PERNAS-DE-PAU

Espaço: Interno e amplo, ou externo.

Material: Pernas-de-pau.

Descrição: Dois alunos posicionam-se como na atividade anterior ("Carona com o colega"). O que está em cima aproveita as mãos livres para segurar outro par de pernas-de-pau, nas quais um terceiro colega subirá.

Variações: Introduzimos gradualmente mais pessoas à fileira. Todos se movem juntos conforme o movimento anteriormente descrito.

Observações: Em caso de queda, nenhum aluno deve soltar as pernas-de-pau que está segurando, para evitar possíveis golpes.

Fonte: Original.

11.21 FILEIRA DE PERNAS-DE-PAU

Espaço: Interno e amplo, ou externo.

Material: Pernas-de-pau com uma cunha de cada lado.

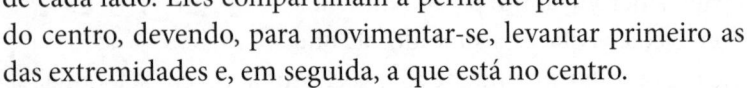

Descrição: Dois alunos posicionam-se em apenas três pernas-de-pau, em vez de duas para cada um. Como fica evidente, eles devem compartilhar uma delas, que deve ter dois apoios para o pé, um de cada lado. Eles compartilham a perna-de-pau do centro, devendo, para movimentar-se, levantar primeiro as das extremidades e, em seguida, a que está no centro.

Variações: Introduzimos gradualmente mais colegas à fileira: três para quatro pernas-de-pau, e assim por diante.

Observações: Em caso de queda, nenhum aluno deve soltar as pernas-de-pau que está segurando, para evitar possíveis golpes.

Fonte: Original.

11.22 BAMBOLÊ COM PATINS

Espaço: Interno e amplo, ou externo.

Material: Patins e bambolês.

Descrição: Os participantes se locomovem em patins. Todos devem estar segurando no bambolê com pelo menos uma das mãos. Eles podem percorrer um trajeto desviando-se de cones e bastões, seguindo linhas, passando por cordas etc. Alguns desses objetos podem atravessar o grupo, que se abre para se esquivar deles.

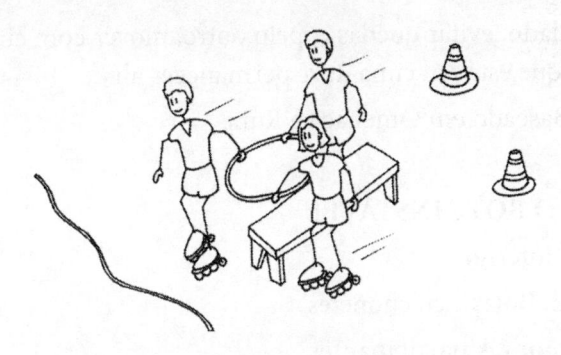

Variações: Utilizar uma corda amarrada em formato de anel, para substituir o bambolê.

A corda não é amarrada e deve ser mantida esticada durante todo o tempo, enquanto o circuito é percorrido.

Se algum integrante do grupo esbarrar em um obstáculo, o grupo todo fica parado até que outra equipe o salve atravessando por baixo do arco formado por duas pessoas que levantam suas mãos entrelaçadas.

Fonte: Baseado em Omeñaca e Ruiz.

11.23 BOLA GIGANTE

Espaço: Interno.

Material: Uma bola gigante.

Descrição: Três participantes posicionam-se em fileira segurando os tornozelos do colega à sua frente. O primeiro da fileira se joga em cima da bola e desliza sobre ela, fazendo-a rolar. O segundo faz o mesmo, bem como o terceiro. Eles não podem se soltar em momento algum, exceto quando o primeiro se levanta em frente à bola e corre para trás, passando a ser o último da fileira.

Variações: Um aluno posiciona-se em cima de uma bola gigante e seus colegas rodeiam a bola com uma missão dupla:

por um lado, evitar quedas e, pelo outro, mover com cuidado a bola. O que está em cima deve permanecer ali.

Fonte: Baseado em Omeñaca e Ruiz.

11.24 O BOTE INSTÁVEL

Espaço: Interno.

Material: Bolas e colchonetes.

Descrição: Os participantes formam grupos de três a seis pessoas. Eles dispõem de um colchonete e de quantas bolas forem necessárias. Então, devem colocar as bolas embaixo do colchonete, subir em cima dele e atravessar a área de  jogo sem tocar o chão em momento algum, nem mesmo para reposicionar as bolas conforme forem avançando (deverão se apoiar em outra bola).

Variações: Os alunos podem tocar o chão com apenas uma mão para reposicionar as bolas.

Eles já devem estar em cima do colchonete antes de colocar as bolas embaixo.

Fonte: Desconhecida.

11.25 TRAVESSIA DO DESERTO

Espaço: Interno e amplo.

Material: Variado: bolas, cones, bastões, cordas, colchonetes, tacos, plintos... à escolha do professor ou propostos pelos alunos.

Descrição: Os participantes devem atravessar o ginásio em grupos (o tamanho dos grupos vai depender do material, ainda que de quatro a seis participantes seja o ideal para começar) com o material fornecido a eles. Em nenhum momento eles podem tocar o chão.

Variações: Todo o material tem de ser transportado até a linha de chegada.

Materiais "estáveis" como colchonetes ou plintos não podem ser posicionados diretamente no chão, mas deslizados sobre bastões ou bolas.

Observações: Dependendo das habilidades dos participantes, podemos propor-lhes diversas formas de avançar: usando um "barco" (colchonete, plinto...), avançar sobre uma série de materiais depositados no chão, utilizar cordas para mover os materiais... mas é melhor que eles descubram isso por conta própria.

Fonte: Desconhecida.

Atividades longas

As atividades relacionadas a seguir possuem uma lógica diferente, uma vez que a duração prevista é muito maior. Parece-nos apropriado proporcionar aos participantes tempo suficiente para que eles possam descobrir o máximo de diferentes soluções para o problema que lhes é apresentado.

Essa duração é perfeitamente possível, já que são atividades nas quais a motivação é alimentada de várias formas: existe um problema motor que os alunos devem resolver em grupo, esse desafio é difícil de solucionar ou há uma certa dose de risco subjetivo (perigo percebido por eles, ainda que não real)...

É importante também destacar o fato de que existem diversas soluções possíveis, cada uma delas igualmente válida, o que torna a busca inesgotável.

O professor deve avaliar não apenas a quantidade de soluções encontradas para cada problema motor (digamos, de quantas maneiras diferentes os alunos conseguem se equilibrar de quatro sobre uma base), mas, principalmente, A QUALIDADE DESSAS SOLUÇÕES: sua dificuldade e originalidade.

Concebidas dessa forma, essas atividades tornam-se um verdadeiro desafio criativo.

Há de se fazer uma ressalva com respeito à primeira atividade, a ginástica acrobática, na qual os alunos têm de reproduzir figuras que já existem. Realizá-la primeiro pode proporcionar aos participantes uma experiência que lhes permitirá compreender melhor os limites de seu corpo e a mecânica das atividades de equilíbrio, de modo que o trabalho criativo posterior poderá ser mais frutífero.

Outro aspecto de extrema importância diz respeito à SEGURANÇA E À AJUDA. É fundamental que os alunos compreendam como é importante responsabilizar-se pela integridade física de seus colegas.

Para isso, o professor deve lhes ensinar como segurar seus colegas e afastar-se deles apenas alguns centímetros durante os breves segundos em que devem manter o equilíbrio sozinhos. Devemos ter cuidado em especial com os equilíbrios invertidos, nos quais um aluno deverá ocupar-se de controlar as pernas de seu colega e, o outro, de seus ombros, para evitar qualquer tipo de lesão no pescoço.

Trabalhar a técnica de cair no estilo do judô ou de outras artes marciais antes de dar início a essas atividades costuma melhorar significativamente a forma como os alunos "saem da postura", contribuindo para prevenir lesões.

Por último, devemos acrescentar que quase todas as atividades podem ser enriquecidas ao se introduzirem bolas ou cordas que dificultem o equilíbrio ou ajudem a mantê-lo, de forma que se possam buscar soluções mais difíceis ou acrobáticas.

11.26 GINÁSTICA ACROBÁTICA

Espaço: Interno e amplo.

Material: Colchonetes.

Descrição: Em grupos de quatro, os alunos têm de inventar o maior número possível de equilíbrios, respeitando as seguintes condições:

- Dois dos alunos realizam o equilíbrio: um forma a base e o outro se mantém sobre ela.

- Os outros dois alunos que não fazem parte do equilíbrio devem ajudar seus colegas o tempo todo a formar a figura, a desmanchá-la e, principalmente, a evitar quedas.

- A figura deve ser formada e desmanchada. Se ocorrer qualquer tipo de queda na hora de desmanchá-la, a figura não é válida: uma regra básica para reduzir o risco.

- Os equilíbrios devem ser mantidos sem ajuda (mas com os colegas próximos alguns centímetros, só por segurança), no mínimo de três a cinco segundos.

- O aluno que forma a base deve ficar de quatro. Nesse caso, para não prejudicar o colega que faz a base, o de cima deve

evitar apoiar-se no centro das costas do outro, especialmente na região da coluna lombar. Os ombros e os quadris são os pontos mais adequados.

Variações: O aluno que forma a base sustenta-se com apenas três apoios, erguendo um dos joelhos ou uma das mãos.

Observações: Podemos pedir aos participantes que desenhem em uma folha de papel, de forma simplificada, várias figuras que vão inventando, para que as executem.

Fonte: Experiência passada por Nerea Cortés e Ignacio Barbero durante o curso de verão da Inef de Castilla y León "Rumo a uma Educação Física alternativa no Ensino Secundário" (1995).

11.27 BANCO INVERTIDO

Espaço: Interno e amplo.

Material: Colchonetes.

Descrição: Em grupos de quatro, os alunos têm de inventar o maior número possível de equilíbrios, respeitando as seguintes condições:

- Dois dos alunos realizam o equilíbrio: um forma a base e o outro se mantém sobre ela.

- Os outros dois alunos que não fazem parte do equilíbrio devem ajudar seus colegas o tempo todo a formar a figura, a desmanchá-la e, principalmente, a evitar quedas.

- A figura deve ser formada e desmanchada. Se ocorrer qualquer tipo de queda na hora de desmanchá-la, a figura não é válida: uma regra básica para reduzir o risco.

- Os equilíbrios devem ser mantidos sem ajuda (mas com os colegas próximos alguns centímetros, só por segurança), no mínimo de três a cinco segundos.

- O aluno da base deve formar uma posição de BANCO INVERTIDO. Os pontos de apoio válidos são apenas os joelhos e as mãos.

- Os ajudantes deverão ficar atentos para evitar que o aluno que mantém o equilíbrio, ou seja, aquele que ficará por cima, caia sobre o colega da base.

Variações: O aluno que forma a base pode dobrar os braços até que o cotovelo encoste no chão.

Ele pode estender as pernas.

Pode fazer uma espécie de "agachamento". Assim, os pontos de apoio válidos ficam sendo as coxas, as mãos e os ombros. Podemos permitir que os tornozelos funcionem como ponto de apoio (no caso de equilíbrios invertidos).

Observações: Podemos pedir aos participantes que desenhem em uma folha de papel, de forma simplificada, várias figuras que vão inventando, para que as executem.

Fonte: Experiência passada por Nerea Cortés e Ignacio Barbero durante o curso de verão da Inef de Castilla y León "Rumo a uma Educação Física alternativa no Ensino Secundário" (1995).

11.28 EQUILÍBRIOS EM GRUPOS DE OITO

Espaço: Interno e amplo.

Material: Colchonetes.

Descrição: Em grupos de oito, os alunos têm de inventar o maior número possível de equilíbrios, respeitando as seguintes condições:

- Pelo menos dois ou três alunos não podem fazer parte do equilíbrio. Eles devem ajudar seus colegas o tempo todo a formar a figura, a desmanchá-la e, principalmente, a evitar quedas.

- A figura deve ser formada e desmanchada. Se ocorrer qualquer tipo de queda na hora de desmanchá-la, a figura não é válida: uma regra básica para reduzir o risco.

- Os equilíbrios devem ser mantidos sem ajuda (mas com os colegas próximos alguns centímetros, só por segurança), no mínimo de três a cinco segundos.

- Os alunos que formam a base devem ficar de quatro. Para não prejudicá-los, os alunos de cima devem evitar apoiar-se no centro das costas dos colegas de baixo. Os ombros e os quadris são os pontos mais adequados.

- Nenhum dos alunos da base pode sustentar um peso superior ao seu próprio.

- A construção pode possuir, no máximo, três "andares".

Observações: Podemos pedir aos participantes que desenhem em uma folha de papel, de forma simplificada, várias figuras que vão inventando, para que as executem.

Fonte: Experiência passada por Nerea Cortés e Ignacio Barbero durante o curso de verão da Inef de Castilla y León "Rumo a uma Educação Física alternativa no Ensino Secundário" (1995).

11.29 O GIRO DE ÁNGEL

Espaço: Interno e amplo.

Material: Colchonetes.

Descrição: Em grupos de quatro, um dos alunos tem de tentar girar em torno da cintura de um dos colegas, que fica de quatro e serve como base, apoiando-se e segurando-se apenas nele, sem tocar o chão em momento algum.

Observações: Os alunos que não fazem parte do equilíbrio devem ajudar os colegas o tempo todo para evitar quedas.

Fonte: Experiência passada por Ángel Pérez Pueyo.

11.30 EQUILÍBRIOS MÓVEIS BÁSICOS

Espaço: Interno e amplo.

Material: Colchonetes.

Descrição: Os participantes, em grupos de quatro, devem realizar equilíbrios nos quais um aluno fica em cima do outro, que forma a base. Os equilíbrios são sugeridos pelo professor. Os alunos devem conseguir se deslocar por pelo menos dois metros sem desmanchar o equilíbrio para que ele possa ser considerado válido, mudando a posição o mínimo possível. Os outros dois alunos que não fazem parte do equilíbrio devem ajudar seus colegas o tempo todo a formar a figura, a desmanchá-la e, principalmente, a evitar quedas.

Variações: Pode haver dois alunos formando a base; dois em cima, mantendo o equilíbrio; ou dois sobre apenas um de base.

O objetivo não é manter uma figura, mas passar de um equilíbrio estático a outro, enquanto a base se move.

O aluno que está em cima deve assoprar uma bolinha de pingue-pongue para fazer com que ela siga um trajeto predeterminado, que pode ser uma linha reta ou desviando-se de cones.

Observações: Alguns exemplos de equilíbrios móveis que podemos sugerir são os seguintes:

- Um aluno em pé sobre o outro ou dois de quatro.

- Um sentado sobre os ombros de dois que estão em pé colados um ao outro.

- Um em pé sobre os ombros dos dois que também lhe dão cada um uma mão.

- Um aluno conduz dois colegas plantando bananeira da seguinte forma: o aluno que está na frente e de ponta-cabeça coloca as mãos no peito dos pés do que caminha, que, por sua vez, segura as pernas do que planta bananeira à sua frente, e um terceiro apoia as mãos nos calcanhares, deixando a parte de trás dos joelhos apoiadas sobre os ombros do aluno que caminha.

Fonte: Original.

11.31 EQUILÍBRIOS MÓVEIS INDIVIDUAIS

Espaço: Interno e amplo.

Material: Colchonetes.

Descrição: Os participantes, em grupos de quatro, devem inventar equilíbrios nos quais um aluno fica em cima do outro, que forma a base. A posição da base é livre. Os alunos devem conseguir se deslocar por pelo menos dois metros sem desmanchar o equilíbrio para que ele possa ser considerado válido, mudando a posição o mínimo possível. Os outros dois alunos que não fazem parte do equilíbrio devem ajudar seus colegas o tempo todo a formar a figura, a desmanchá-la e, principalmente, a evitar quedas.

Variações: O objetivo não é manter uma figura, mas passar de um equilíbrio estático a outro, enquanto a base se move.

O que está em cima deve assoprar uma bolinha de pingue-pongue para fazer com que ela siga um trajeto predeterminado, que pode ser uma linha reta ou desviando-se de cones.

Observações: Podemos pedir aos participantes que desenhem em uma folha de papel, de forma simplificada, várias figuras que vão inventando, para que as executem.

Fonte: Original.

11.32 EQUILÍBRIOS MÓVEIS COLETIVOS

Espaço: Interno e amplo.

Material: Colchonetes.

Descrição: Os participantes, em grupos de seis a oito, devem inventar equilíbrios nos quais um ou dois alunos ficam em cima de outro ou outros, que formam a base. Os alunos devem conseguir se deslocar por pelo menos dois metros sem desmanchar o equilíbrio para que ele possa ser considerado válido, mudando a posição o mínimo possível. Por questões de segurança, os alunos podem formar (e se deslocar) uma figura de, no máximo, três "andares". Os colegas que não fazem parte do equilíbrio devem ajudar os outros o tempo todo a formar a figura, a desmanchá-la e, principalmente, a evitar quedas.

Variações: Os grupos passam a ser de doze a dezesseis participantes, entre os quais oito a doze fazem parte do equilíbrio móvel.

O objetivo não é manter uma figura, mas passar de um equilíbrio estático a outro, enquanto a base se move.

Observações: Podemos pedir aos participantes que desenhem em uma folha de papel, de forma simplificada, várias figuras que vão inventando, para que as executem.

Fonte: Original.

11.33 CRUZANDO O BANCO

Espaço: Interno e amplo.

Material: Bancos suecos e colchonetes ao redor deles, para maior segurança.

Descrição: Os participantes formam grupos de quatro pessoas. Dois participantes sobem, cada um por uma extremidade, em um banco sueco e caminham sobre ele. Eles têm de se cruzar e sair pela extremidade oposta à que entraram, sem tocar o chão. Eles podem encostar um no outro, mas não se ajudar: não podem se segurar ou se apoiar um no outro. Vale tocar no colega, mas não apoiar-se nele ou segurá-lo, e é preciso que entrem e saiam do banco caminhando. Os outros dois colegas, que estão no chão, prestam auxílio para que o banco não se mova e evitam quedas.

Variações: Os dois participantes podem se segurar e se apoiar um no outro.

Vários bancos são posicionados em fileira: os participantes sobem neles e caminham para frente. Cada vez que um aluno cruzar com um colega, ele deve fazê-lo de uma forma diferente.

Um dos dois fica com os olhos vendados.

Para os mais novos: em vez de usarmos bancos, pintamos linhas no chão.

Um dos alunos deve carregar uma bola de basquete ou colocar um saquinho de areia sobre a cabeça.

Observações: Ao tentarem passar um pelo outro, os alunos percebem que é quase impossível que caibam os dois lado a lado no banco, por isso sentem necessidade de inventar outras opções. Um deles pode se sentar ou deitar para que o outro passe por cima; pode separar as pernas para que seu colega passe entre elas; pode plantar bananeira para que o colega salte por entre suas pernas abertas (às vezes dando uma cambalhota); ou também pode lhes ocorrer aproveitar a parte inferior do banco para enfiarem-se ali. Se custar muito aos alunos inventar maneiras de se cruzarem, podemos dar várias sugestões para que eles "deem a partida", até que possam trabalhar adequadamente por conta própria. Podemos suprimir certas formas de cruzar o banco que já foram propostas.

Fonte: Original.

11.34 CRUZANDO O BANCO EM DUPLAS

Espaço: Interno e amplo.

Material: Bancos suecos e colchonetes ao redor deles, para maior segurança.

Descrição: Os participantes formam grupos de seis a oito pessoas. Dois participantes entram de mãos dadas de cada lado do banco sueco. Os integrantes da dupla podem e devem se ajudar entre si, mas não podem ajudar a outra dupla ou apoiar-se nela.

Caso seja necessário, o professor pode permitir outros tipos de contato entre os integrantes da dupla, como mão com tornozelo, contanto que eles jamais deixem de se tocar. Os outros dois ou quatro colegas, que estão no chão, prestam auxílio para que o banco não se mova e evitam quedas.

Variações: As duas duplas podem se segurar e se apoiar uma na outra sem restrições.

Um integrante de cada dupla fica com os olhos vendados.

Um dos alunos deve carregar uma bola de basquete.

Para os mais novos: em vez de usarmos bancos, pintamos linhas no chão.

Observações: Ao tentarem passar um pelo outro, os alunos percebem que é quase impossível que caibam os dois lado a lado no banco, por isso sentem necessidade de inventar outras opções. Um deles pode se sentar ou deitar para que o outro passe por cima; pode separar as pernas para que seu colega passe entre elas; pode plantar bananeira para que o colega salte por entre suas pernas abertas (às vezes dando uma cambalhota); ou também pode lhes ocorrer aproveitar a parte inferior do banco para enfiarem-se ali.

Fonte: Original.

11.35 DESLOCANDO-SE SOBRE O BANCO

Espaço: Interno e amplo.

Material: Bancos suecos e colchonetes ao redor deles, para maior segurança.

Descrição: Colocamos um banco sueco em cima de outro. Os participantes, em número par, sentam-se sobre eles de modo que seus pés não alcancem o chão e sobrem no máximo dez centímetros de espaço livre no banco onde estão. Os alunos devem trocar de posição uns com os outros, sem que nenhum toque o chão; o 1º deve trocar de lugar, por exemplo, com o 8º (e vice-versa), o 2º com o 7º, o 3º com o 6º e o 4º com o 5º.

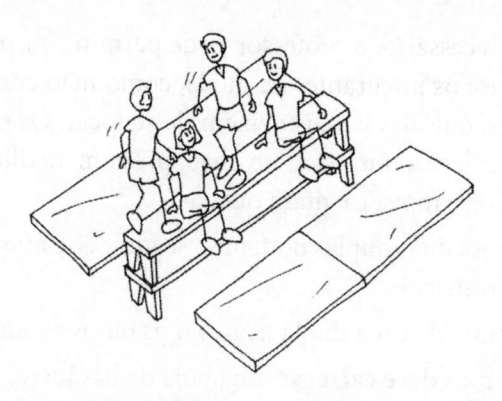

Variações: Os alunos que trocam de posição devem fazer o mesmo com os seus agasalhos.

O aluno não pode tirar e colocar o agasalho ele próprio: isso deve ser feito pelo colega ou então pelo restante dos participantes.

Fonte: Desconhecida. Variação original.

12

Atividades com toalhas

As toalhas constituem um material muito acessível, ao alcance de quase qualquer pessoa. Ao mesmo tempo, são um material com grande potencial, capaz de estimular um grupo muito facilmente.

Autores como Orlick (1978) começaram a utilizar cobertores para realizar uma série de atividades que enfatizavam o trabalho cooperativo entre meninos e meninas que as praticavam.

Tendo como base essas práticas e aproveitando a tendência atual de empregar na atividade física qualquer coisa relacionada a malabarismos, propusemo-nos a elaborar atividades que os alunos possam realizar sozinhos, em duplas ou em grupos, que empregassem toalhas como meio para a cooperação em qualquer contexto.

Nas atividades individuais, cada pessoa dispõe de uma toalha que segura por suas extremidades, e pode utilizar de várias maneiras: ou totalmente estendida ou dobrando-a uma ou duas vezes para torná-la pequena e facilmente manuseável. No centro da toalha, posicionamos a bola que iremos utilizar.

Nas atividades em dupla, cada pessoa segura as duas pontas do seu lado da toalha, enquanto que, nas tarefas com quatro participantes, cada um controla apenas uma das pontas.

12.1 EQUILÍBRIOS NA TOALHA

Espaço: Interno ou externo, desde que amplo.

Material: Toalhas e bolas de diferentes tamanhos (de tênis, de handebol, de espuma...).

Descrição: Cada pessoa sustenta sua toalha no ar segurando-a por cada extremidade e coloca uma bolinha de tênis no centro. O objetivo da atividade é rolar a bolinha de tênis de um extremo ao outro da toalha, sem deixá-la cair no chão.

Variações: Os alunos tentam realizar a mesma atividade, mas com bolas de diferentes tamanhos.

Aquele que sustenta a toalha fecha os olhos e um colega o orienta verbalmente sobre como deve manusear a toalha para que a bola não caia no chão.

O aluno lança a bola ao ar e tenta apanhá-la com a toalha depois de ela quicar uma vez no chão, ou antes mesmo de fazê-lo.

Os alunos passam a bola de uma toalha para outra.

Observações: Cada pessoa pode variar a forma como segura a toalha para realizar as diferentes atividades.

Fonte: Original.

12.2 SOBRE A CABEÇA

Espaço: Interno ou externo, desde que amplo.

Materiais: Toalhas e bolas de diferentes tamanhos (de tênis, de handebol, de espuma...).

Descrição: O grupo se divide em duplas e cada uma delas fica com uma toalha. Cada integrante da dupla segura uma extremidade da toalha, e sobre ela é posicionada uma bolinha de tênis. O objetivo da atividade é, erguendo a toalha bem alto, fazer com que a bola role de um extremo ao outro. A bola não pode cair no chão.

Variações: Utilizar bolas de diferentes tamanhos.

Os alunos também podem usar duas bolas, e aí o objetivo da tarefa seria o de manter as duas ao mesmo tempo sobre a toalha, evitando que caiam no chão.

Fonte: Original.

12.3 TROCANDO AS BOLAS

Espaço: Interno ou externo, desde que amplo.

Materiais: Toalhas e bolas de diferentes tamanhos (de tênis, de handebol, de espuma...).

Descrição: O grupo se divide em duplas e cada uma delas fica com uma toalha. Cada integrante da dupla segura uma extremidade da toalha, e sobre ela é posicionada uma bolinha de tênis. O objetivo da atividade é tentar passar as respectivas bolas de uma toalha para a outra, ao mesmo tempo, entre as duplas.

Variações: Os alunos podem tentar com bolas de diferentes tamanhos.

Duas duplas poderiam se deslocar enquanto tentam passar a bola uma para a outra.

Fonte: Original.

12.4 LANÇAR, QUICAR, PEGAR

Espaço: Interno ou externo, desde que amplo.

Materiais: Toalhas e bolas de diferentes tamanhos (de tênis, de handebol, de espuma...).

Descrição: O grupo se divide em duplas e cada uma delas fica com uma toalha. Cada integrante da dupla segura uma extremidade da toalha, e sobre ela é posicionada uma bola. O objetivo é fazer com que a bola quique no chão e volte para a toalha.

Variações: Os alunos podem experimentar com diferentes tipos de bolas.

Eles podem tentar, enquanto a dupla se desloca pela área da atividade, lançar ao ar a bola que está na toalha e pegá-la depois

de ela quicar uma vez no chão (começar com pouca altura) ou mesmo sem que quique, ou então deixá-la quicar três vezes, lançá-la ao ar e apanhá-la três ou mais vezes consecutivas...

Fonte: Original.

12.5 LANÇANDO E GIRANDO

Espaço: Interno ou externo, desde que amplo.

Materiais: Toalhas e bolas de diferentes tamanhos (de tênis, de handebol, de espuma...).

Descrição: O grupo se divide em duplas e cada uma delas fica com uma toalha. Cada integrante da dupla segura uma extremidade da toalha, e sobre ela é posicionada uma bolinha de tênis. O objetivo da atividade é lançar a bola no ar, dar uma meia-volta sem soltar as extremidades da toalha e apanhar a bola com a toalha sobre suas cabeças, de costas um para o outro.

Variações: Os alunos podem experimentar com diferentes tipos de bolas.

Os alunos também podem realizar um giro de 360 graus antes de apanhar a bola, ou mudar de lugar um com o outro, sem soltar a toalha, enquanto a bola está no ar.

Outras possibilidades incluem bater palmas três vezes antes de apanhar a bola, ou lançar a bola contra uma parede e recolhê-la depois de quicar uma vez no chão, ou mesmo antes que o faça.

Fonte: Original.

12.6 MALABARISMOS

Espaço: Interno ou externo, desde que amplo.

Materiais: Toalhas e bolas de diferentes tamanhos (de tênis, de handebol, de espuma...).

Descrição: O grupo se divide em duplas e cada uma delas fica com uma toalha. Cada integrante da dupla segura uma extremidade da toalha. As duplas são numeradas e formam um círculo. O objetivo da atividade é estipular um padrão de passe da bola de acordo com o número da dupla, por exemplo: um, três, seis, dois, quatro, sete, cinco... Ou seja, as duplas devem passar a bola conforme a ordem estipulada.

Variações: Podemos ir introduzindo duas, três, quatro ou mais bolas de diferentes tamanhos.

As duplas podem posicionar-se em linha uma atrás da outra, para passarem a bola de uma dupla para a outra ao longo da fileira formada.

Outra sugestão é tentar fazer com que uma bola não alcance a outra, passando-as de uma dupla à outra em ordem.

Observações: O professor deve tentar fazer com que todos os alunos participem ativamente.

Fonte: Original.

12.7 VÔLEI DE TOALHA

Espaço: Interno ou externo, desde que amplo, e uma quadra de vôlei.

Materiais: Toalhas e bolas de diferentes tamanhos (de tênis, de handebol, de espuma...).

Descrição: O grupo se divide em duplas e cada uma delas fica com uma toalha. Cada integrante da dupla segura uma extremidade da toalha. As duplas se posicionam dos dois lados da quadra. O objetivo da atividade é tentar passar a bola sobre a rede, para que os participantes do outro lado da quadra a apanhem e a arremessem de volta.

Variações: Podemos trabalhar com equipes de quatro pessoas ou até mais. Em atividades como essa, os alunos compartilham uma mesma toalha durante toda a brincadeira.

Observações: É importante que todas as duplas tenham a oportunidade de participar da atividade.

Fonte: Baseado em Orlick, T.

12.8 BASQUETE DE TOALHA

Espaço: Interno ou externo, desde que amplo, e uma quadra de basquete.

Materiais: Toalhas e bolas de diferentes tamanhos (de tênis, de handebol, de espuma...).

Descrição: O grupo se divide em duplas e cada uma delas fica com uma toalha. Cada integrante da dupla segura uma extremidade da toalha. As duplas se dividem em várias equipes e devem tentar acertar a bola no cesto utilizando as toalhas. As duplas só podem se movimentar pela área de jogo quando não estiverem carregando na toalha a bola, que deve ser arremessada de uma posição fixa.

Variações: Os alunos podem praticar qualquer atividade relacionada ao jogo de basquete, como arremesso de dois ou três pontos, vinte-e-um, 2 contra 2 ou 3 contra 3...

Observações: É importante que todas as duplas tenham a oportunidade de participar da atividade.

Fonte: Original.

12.9 AJUDA

Espaço: Interno ou externo, desde que amplo.

Materiais: Toalhas e bolas de diferentes tamanhos (de tênis, de handebol, de espuma...).

Descrição: O grupo se divide em duplas e cada uma delas fica com uma toalha. Cada integrante da dupla segura uma extremidade da toalha. O objetivo da atividade é passar de uma dupla à outra todas as bolas da área de jogo utilizando as toalhas, até chegar à última dupla, que deve tentar acertar as bolas em seus respectivos recipientes.

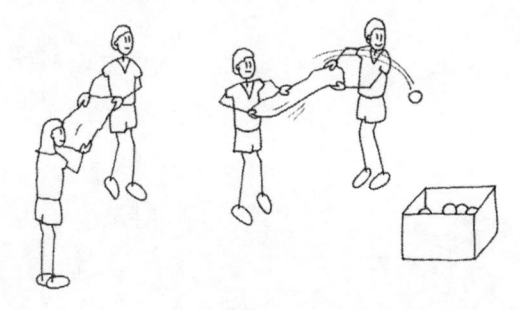

Variações: A atividade também pode ser realizada ao contrário, retirando-se as bolas de seus recipientes para reparti-las por toda a turma.

Observações: Essa atividade é perfeita para encerrar uma aula, pois os alunos recolhem de uma forma cooperativa todas as bolas utilizadas.

Fonte: Original.

Referências

ARNOLD, P.J. *Educación física, movimiento y currículum*. Madri: Morata, 1991.

ARONSON, E.; BLANEY, N.; SIKES, J.; STEPHAN, C. & SNAPP, M. *The jigsaw classroom*. Beverly Hills, CA: Sage, 1975.

ASTRAIN, C.; CORTÉS, N. & BARBERO, J.I. "Miedos y conflictos que se presentan al profesorado novato deseoso de llevar a la práctica una E.F. Alternativa". *Revista Española de Educación Física*, 3 (2), 1996, p. 21-26.

BANTULÁ, J. *Juegos motrices cooperativos*. Barcelona: Paidotribo, 1998.

BARBARASH, L. *Multicultural games*. Champaign, IL: Human Kinetics, 1997.

BARBERO, J.I. "La Educación Física, materia escolar socialmente construida". *Perspectivas de la Actividad Física y el Deporte*, 2, 1989, p. 30-34.

BLÁNDEZ, J. *Programación de unidades didácticas según ambientes de aprendizaje*. Barcelona: Inde, 1999.

BROTTO, F.O. *Jogos cooperativos* – O jogo e o esporte como um exercício de convivência. Santos: Projeto Cooperação, 2001.

_____. *Jogos cooperativos* – Se o importante é competir, o fundamental é cooperar. Santos: Projeto Cooperação, 1997.

BROWN, G. *Qué tal si jugamos... otra vez* – Nuevas experiencias de los juegos cooperativos en la educación popular. Buenos Aires: Humanitas, 1992.

BURRINGTON, B.; FORTIER, S.; FREHSEE, R.C.; HENRY, S.; MISHRA, S.; PICHETTE, Z.; TAFT, J.; THOMASSON, R. & WILSON, A. *Youth leadership in action* – Proyect Adventure. Dubuque, IO: Kendall/Hunt, 1995.

CARLSON, T.B. "We hate gym: student alienation from Physical Education". *Journal of Teaching in Physical Education*, 14 (4), 1995, p. 467-477.

CASCÓN, P. & MARTÍN, C. *La alternativa del juego*. Torrelavega: Colectivo Educar para la Paz, 1986.

CASTELLÓ, T. "Procesos de cooperación en el aula". In: MIR, C. (coord.). *Cooperar en la escuela* – La responsabilidad de educar para la democracia. Barcelona: Graó, 1998.

CAZDEN, C.B. *El discurso en el aula* – El lenguaje de la enseñanza y del aprendizaje. Barcelona: Paidós, 1991.

COLECTIVO NO-VIOLENCIA Y EDUCACIÓN. *¿Jugamos a la paz?* Madri: Colectivo Noviolencia y Educación, 1994.

CONARD, B. *Inservice workshop for Columbus*. Ohio: Public School Teachers, 1990.

COOPER, J.E.; JOHNSON, D.W.; JOHNSON, R. & WILDERSON, F. "The effects of cooperative, competitive and individualistic experiences on interpersonal attraction among heterogeneus peers". *Journal of Social Psychology*, 111, 1980, p. 243-252.

CORTÉS, N. & BARBERO, J.I. "Hacia una educación física alternativa en Educación Secundaria". *Actas de los Cursos de Verano del Inef de Castilla y León 1995*.

DEUTSCH, M. *Cooperation and trust: some theoretical notes* – Nebraska Symposium of motivation. Lincoln: University of Nebraska Press, 1962, p. 275-319.

DEWAR, A. "El cuerpo marcado por el género: una perspectiva feminista crítica". In: BARBERO, J.I. (coord.). *Investigación alternativa en Educación Física*. Málaga: Unisport, 1994, p. 111-126.

DEWEY, J. *Naturaleza humana y conducta* – Introducción a la psicología social. México: FCE, 1964.

DÍAZ-AGUADO, M. *Escuela y tolerancia*. Barcelona: Pirámide, 1996.

DWEK, C. "Learned helplessness in sport". In: NADEAU et al. (eds.). *Psychology of Motor Behavior and Sport*. Champaign: Human Kinetics, 1980.

EBBECK, V. & GIBBONS, S.L. "The effect of a team building program on the self-conceptions of grade 6 and 7 Physical Education students". *Journal of Sport and Exercise Psycology*, 20, 1998, p. 300-310.

ECHEITA, G. "El aprendizaje cooperativo como estrategia de atención a la diversidade". *Acción Educativa*, 87, 1985, p. 15-23.

ELIAS, N. & DUNNING, E. *Deporte y ocio en el proceso de la civilización*. México: FCE, 1992.

ENNIS, C.D.; COTHRAN, D.J.; DAVISON, K.S.; LOFTUS, S.J.; OWENS, L.; SWANSON, L. & HOPSICKER, P. "What factors influence Physical Education classes in urban high schools?" *Journal of Teaching in Physical Education*, 17, 1997, p. 52-71.

FABRA, M.L. *Técnicas de grupo para la cooperación*. Barcelona: Ceac, 1994.

FERNÁNDEZ GARCÍA, E. "Temas transversales y formación del profesorado". *Revista Española de Educación Física y Deportes*, 4 (4), 1997, p. 6-12.

FERNÁNDEZ-RÍO, J. "La enseñanza del bádminton a través de la hibridación de los modelos de Aprendizaje Cooperativo, Táctico y Educación Deportiva y del uso de materiales auto-construídos". In: MÉNDEZ-GIMÉNEZ, A. (coord.). *Modelos actuales de iniciación deportiva*: unidades didácticas sobre juegos y deportes de cancha dividida. Sevilha: Wanceulen, 2011, p. 193-236.

_____. "La enseñanza de las habilidades motrices básicas a través de estructuras de trabajo cooperativas". In: VELÁZ-QUEZ, C. (coord.) *Aprendizaje cooperativo en Educación Física:* fundamentos y aplicaciones prácticas. Barcelona: Inde, 2010, p. 165-186.

_____. "El modelo de aprendizaje cooperativo – Conexiones con la enseñanza comprensiva". In: MÉNDEZ, A. (coord.). *Modelos actuales de iniciación deportiva* – Unidades didácticas sobre deportes de invasión. Sevilha: Wanceulen, 2009, p. 75-101.

_____. "Estructuras de trabajo cooperativas, aprendizaje a través de claves y pensamiento crítico en la enseñanza de los deportes en el ámbito educativo". *Actas del V Congreso Internacional de Actividades Físicas Cooperativas*. Segóvia, 2006.

_____. "Desafíos físicos cooperativos en el aula de Educación Física: una experiencia de aventura". *Tándem (Didáctica de la Educación Física)*, 14, 2004, p. 57-66.

_____. *El aprendizaje cooperativo en el aula de Educación Física para la integración en el medio social* – Análisis comparativo con otros sistemas de enseñanza y aprendizaje. Valladolid: La Peonza, 2003.

_____. "La autoestima, la Educación Física actual y el aprendizaje cooperativo". *Actas del II Congreso Estatal de Actividades Físicas Cooperativas*. Cáceres, 2002.

_____. "La socialización de las personas a través del aprendizaje cooperativo en Educación Física". *Actas del I Congreso Estatal de Actividades Físicas Cooperativas*. Medina del Campo, 2001.

_____. "Una metodología para una Educación Física de/con futuro". *Áskesis*, ano 2, n. 9, 2000a.

_____. "La metodología cooperativa: herramienta para la enseñanza de las habilidades motrices básicas en Educación Física". *Tándem*, 1, 2000b, p. 107-117.

_____. "Cooperar para adquirir las bases de una buena condición física". *Élide*, 1, 1999a, p. 30-35.

_____. "La cooperación y las habilidades motrices básicas". In: COPLEF (coord.). *Unidades Didácticas – 1: Una guía definitiva para tus clases*. Lérida: Ágonos, 1999b, p. 65-75.

FERNÁNDEZ-RÍO, J. & MARTÍNEZ, G. "El Flag-Football y sus posibilidades educativas desde la metodología cooperativa". *Revista de Educación Física*, 102, 2006, p. 19-27.

FERNÁNDEZ-RÍO, J. & MÉNDEZ-GIMÉNEZ, A. "El aprendizaje cooperativo como marco metodológico para la enseñanza de las habilidades gimnásticas en el ámbito educativo". *Revista Española de Educación Física y Deportes*, 400, 2013, p. 38-53.

_____. "Innovative practice through the use of self-made materials – The Cooperative Learning model in Spain". In: DYSON, B. & CASEY, A. (eds.). *Cooperative Learning in Physical Education*: A research-based approach. Londres: Routledge, 2012, p. 42-56.

FERNÁNDEZ-RÍO, J. & VELÁZQUEZ, C. *Desafíos físicos cooperativos* – Retos sin competición para las clases de Educación Física. Sevilha: Wanceulen, 2005.

GARAIGORDOBIL, M. *Psicología para el desarrollo de la cooperación y de la creatividad*. Bilbao: Desclée de Brouwer, 1995.

_____. *Juego cooperativo y socialización en el aula*. Madri: Seco Olea, 1992.

GARCÍA, J.I. *Acrogimnasia* – Recursos educativos. València: Ecir, 1999.

GIBBONS, S.L. & EBBECK, V. "The effect of different teaching strategies on the moral development of Physical Education students". *Journal of Teaching in Physical Education*, 17, 1997, p. 85-86.

GLOVER, D. & MIDURA, D. *Team Building through physical challenges*. Champaign, IL: Human Kinetics, 1992.

GOLEMAN, D. *Inteligencia emocional*. Barcelona: Kairós, 1997.

GONZÁLEZ, C. & FERNÁNDEZ-RÍO, J. "La investigación-acción y la metodología cooperativa". *Tándem (Didáctica de la Educación Física)*, 15, 2004, p. 58-68.

_____. "La enseñanza del deporte desde una metodología cooperativa". *Tándem (Didáctica de la Educación Física)*, 10, 2003, p. 93-100.

GRAVES, N.B. & GRAVES, T.D. "Creating a cooperative learning environment: An ecological approach". In: SLAVIN, R. et al. (eds.). *Learning to cooperate, cooperate to learn*. Nova York: Plenum, 1985, p. 403-436.

GRINESKI, S. *Cooperative learning in physical education*. Champaign, IL: Human Kinetics, 1996.

_____. "Achieving educational goals in physical education – A missing ingredient". *Journal of Physical Education, Recreation and Dance*, 64 (5), 1993, p. 32-34.

GUITART, R.M. *101 juegos no competitivos*. Barcelona: Graó, 1990.

GUNDERSON, B. & JOHNSON, D.W. "Building positive attitudes by using cooperative learning groups". *Foreign Language Annals*, 13, 1980, p. 39-46.

GUPPE, O. *Teoría Pedagógica de la Educación Física*. Madri: Inef, 1976.

GUTIÉRREZ, M. "Desarrollo de valores en la Educación Física y el deporte". *Apunts Educación Física y Deportes*, 51, 1998, p. 100-108.

_____. *Valores sociales y deporte* – La actividad física y el deporte como transmisores de valores sociales y personales. Madri: Gymnos, 1995.

HERNÁNDEZ, A.; CORTÉS, N.; RODRÍGUEZ, H.; MENÉNDEZ, M. & BARBERO, J.I. "Dispositivos recreadores del género en un centro de formación del profesorado de Educación Física". *Perspectivas de la Actividad Física y el Deporte*, 16, 1994, p. 35-41.

HERSH, R.; REIMER, J. & PAOLITTO, D. *El crecimiento moral de Piaget a Kohlberg*. Madri: Narcea, 1996.

HINDE, R. & GROEBEL, J. *Cooperación y conducta prosocial*. Madri: Visar, 1991.

HORN, T. "On competition: what the experts say". *Teaching Elementary Physical Education*, 4 (6), 1993, p. 8-9.

JARES, X.R. *Técnicas e xogos cooperativos para todas las idades*. La Coruña: Vía Láctea, 1993.

_____. *El placer de jugar juntos* – Nuevas técnicas y juegos cooperativos. Madri: CCS, 1992.

JOHNSON, D.W. "Effects of Cooperative and Individualistic Learning Experiencies on Interethnic Interaction". *Journal of Social Psychology*, 118, 1981, p. 257-268.

JOHNSON, D.W. & JOHNSON, R.T. *Cooperation and Competition*: Theory and Research. Hillsdale, N.J.: Lawrence Elbaum, 1990.

_____. *Learning together and alone*. Boston: Allyn and Bacon, 1975.

JOHNSON, D.W.; JOHNSON, R.T. & JOHNSON-HOLUBEC, E.J. *El aprendizaje cooperativo en el aula*. Barcelona: Paidós, 1999.

JOHNSON, D.W.; JOHNSON, R.T.; JOHNSON-HOLUBEC, E. & ROY, P. *Circles of learning*: Cooperation in the classroom. Alexandria, VA: Association for Supervision and Curriculum Development, 1984.

JOHNSON, D.W.; MARUYAMA, G.; JOHNSON, D.W.; NELSON, D. & SKON, L. "The effects of cooperative, competitive and individualistic goal structures on achievement: a meta-analysis". *Psychological Bulletin*, 89, 1981, p. 47-62.

JOVER, G. *Relación educativa y relaciones humanas*. Barcelona: Herder, 1991.

KAGAN, S. *Cooperative learning*. São Clemente, CA: Kagan Cooperative Learning, 1992.

KASSER, S.L. *Inclusive games*. Champaign, IL: Human Kinetics, 1995.

KIRK, D. *Educación Física y currículum*. València: Universidad de Valencia, 1990.

KOHN, A. *No contest* – The case against competition. Boston: Houghton Mifflin, 1986.

KOZULIN, A. *La psicología de Vygotsky.* Madri: Alianza, 1994.

KRISHNAMURTI, J. *El propósito de la educación.* Barcelona: Edhasa, 1992.

LÓPEZ PASTOR, V.M. "La participación del alumnado en los procesos evaluativos: la autoevaluación y la evaluación compartida en Educación Física". In: FRAILE, A. (coord.). *Didáctica de la Educación Física* – Una perspectiva crítica y transversal. Madri: Biblioteca Nueva, 2004, p. 265-290.

_____. "Evaluación y cooperación en Educación Física: La evaluación compartida y la evaluación como actividad colaborativa y grupal". *Actas del I Congreso Estatal de Actividades Físicas Cooperativas.* Valladolid: La Peonza, 2001.

LUVMOUR, J. & LUVMOUR, B. *Everyone wins* – Cooperative Games and Activities. Stone Creeck, CT: New Society, 1990.

MARÍN, S. *El Aprendizaje Cooperativo* – Jornadas de Aprendizaje Cooperativo. Badajoz: Centro de Profesores y Recursos de Don Benito-Villanueva, 2005.

MARTENS, R. "Turning kids on to physical activity lifetime". *Quest,* 48 (3), 1996, p. 303-310.

MATÉ, M. "Trabajo en grupo cooperativo y tratamiento de la diversidade". *Aula de Innovación Educativa,* 51, 1996, p. 51-56.

MÉNDEZ-GIMÉNEZ, A. & FERNÁNDEZ-RÍO, J. "El aprendizaje cooperativo en la formación del profesorado: una experiencia basada en autoconstrucción de materiales e invención de juegos". *Revista Española de Educación Física y Deportes,* 400, 2013, p. 60-75.

MINISTERIO DE EDUCACIÓN Y CIENCIA. *Educación Física*. Madri: MEC, 1992.

MIR, C. (coord.). *Cooperar en la escuela* – La responsabilidad de educar para la democracia. Barcelona: Graó, 1998.

MONCADA, A. *El aburrimiento en la escuela*. Madri: Plaza y Janés, 1985.

MUGNY, G. & DOISE, W. *La construcción social de la inteligencia*. México: Trillas, 1983.

OMEÑACA, R. & RUIZ OMEÑACA, J.V. *Juegos cooperativos y Educación Física*. Barcelona: Paidotribo, 1999.

OMEÑACA, R.; PUYUELO, E. & RUIZ OMEÑACA, J.V. *Explorar, jugar, cooperar*. Barcelona: Paidotribo, 2001.

ORLICK, T. *Juegos y deportes cooperativos*. Madri: Popular, 1997.

_____. *The Cooperative Sports and Games Book*. Nova York: Pantheon, 1978.

_____. *Juegos y deportes cooperativos*. Madri: Popular, 1997.

OVEJERO, A. *El aprendizaje cooperativo* – Una alternativa eficaz a la enseñanza tradicional. Barcelona: PPU, 1990.

PALLARÉS, M. *Técnicas de grupo para educadores*. Madri: Icce, 1982.

PARTISANS, M. *Deporte, cultura y represión*. Barcelona: Gustavo Gili, 1978.

PASCUAL, C. "Igualdad, equidad, diferencia y educación física". Élide, 0, 1998, p. 81-83.

POLAINO-LORENTE, A. "Procesos efectivos y aprendizaje: Intervención psicopedagógica". In: BELTRÁN, J. et al. (comp.). *Intervención psicopedagógica*. Madri: Pirámide, 1993.

PORTMAN, P.A. "Who is having fun in P.E. classes? – Experiences of sixth-grade students in elementary and middle school". *Journal of Teaching in Physical Education*, 14, 1995, p. 445-453.

PUENTE FRA, E. & RODRÍGUEZ GIMENO, J.M. "Combas cooperativas". *Actas del I Congreso Estatal de Actividades Físicas Cooperativas*. Valladolid: La Peonza, 2001.

PUJOLÁS, P. "Los grupos de aprendizaje cooperativo – Una propuesta metodológica y de organización del aula favorecedora de la atención a la diversidade". *Aula de Innovación Educativa*, 59, 1997, p. 23-36.

ROBINSON, D.W. "An attributional analysis of students desmoralization in Physical Education settings". *Quest*, 42 (1), 1979, p. 27-39.

RODRÍGUEZ GIMENO, J.M. & PUENTE FRA, E. "Actividades cooperativas sin visión". *Actas del II Congreso Estatal de Actividades Físicas Cooperativas*. Valladolid: La Peonza, 2002.

_____. "El aprendizaje cooperativo en Educación Física". *Actas del I Congreso Estatal de Actividades Físicas Cooperativas*. Valladolid: La Peonza, 2001.

RODRÍGUEZ GIMENO, J.M.; PUENTE FRA, E.; GONZÁLEZ MONTESINOS, J.L. & GONZÁLEZ MILLÁN, I. "La prevención de drogodependencias mediante actividades cooperativas de riesgo y aventura". *Apunts Educación Física y Deportes*, 59, 2000, p. 46-54.

ROHNKE, K. *Funn Stuff*. Dubuque, IO: Kendall/Hunt, 1996.

RUÉ, J. "El trabajo cooperativo por grupos". *Cuadernos de Pedagogía*, 170, 1989, p. 18-21.

RUIZ OMEÑACA, J.V. "Actividades físicas cooperativas y educación en valores". *Actas del II Congreso Estatal de Actividades Físicas Cooperativas*. Valladolid: La Peonza, 2002.

_____. "Las actividades motrices cooperativas como recurso didáctico en la educación social: posibilidades y limitaciones". *Actas del I Congreso Estatal de Actividades Físicas Cooperativas.* Valladolid: La Peonza, 2001.

RUIZ PÉREZ, L.M. "Aprender a ser incompetente en Educación Física: un enfoque psicossocial". *Apunts Educación Física y Deportes*, 60, 2000, p. 20-25.

_____. *Competencia motriz* – Elementos para comprender el proceso de aprendizaje motor en Educación Física escolar. Madri: Gymnos, 1995.

SAVATER, F. *El valor de educar.* Barcelona: Ariel, 1997.

SEMINARIO DE EDUCACIÓN PARA LA PAZ. *La alternativa del juego-II* – Juegos y dinámicas en educación para la paz. Madri: Asociación Pro-Derechos Humanos, 1990.

SERRANO, J. & GONZÁLEZ-HERRERO, M. *Cooperar para aprender* – ¿Cómo implementar el aprendizaje cooperativo en el aula? Múrcia: DM, 1996.

SLAVIN, R. *La enseñanza y el método cooperativo.* México: Edamex, 1985.

SOLÉ, I. "Reforma y trabajo en grupo". *Cuadernos de Pedagogía*, 255, 1997, p. 50-53.

STRACHAN, K. & MACAULLEY, M. "Cooperative learning in a high school Physical Education Program". *Research Quarterly for Exercise and Sport*, 68 (1), supl. A-69, 1997.

SUÁREZ, C. & FERNÁNDEZ-RÍO, J. "Expandiendo las fronteras del aula de Educación Física: el parkour como contenido educativo". *Tándem (Didáctica de la Educación Física)*, 40, 2012, p. 96-106.

SUBIRATS, M. & TOMÉ, A. *Pautas de observación para el análisis del sexismo en el ámbito educativo.* Barcelona: Institut de Ciències de l'Educació, 1992.

TINAJAS, A.; TINAJAS, J.V. & ARRANTES, P. "Rendimiento y discriminación en Educación Física". *Apunts Educación Física y Deportes,* 39, 1995, p. 123-126.

TINNING, R. *Educación Física:* la escuela y los profesores. València: Universidad de Valencia, 1992.

TRIGO, E. *Juegos motores y creatividad.* Barcelona: Paidotribo, 1997.

VACA, M.J. *El cuerpo entra en la escuela.* Salamanca: ICE Universidad de Salamanca, 1987 [Documentos Didácticos, n. 118].

VARELA, J. & ALVAREZ-URÍA, F. *Arqueología de la escuela.* Madri: La Piqueta, 1991.

VELÁZQUEZ, C. "Propuestas para el desarrollo de programas cooperativos en Educación Física". *Actas del I Congreso Estatal de Actividades Físicas Cooperativas.* Valladolid: La Peonza, 2002 [CD-Rom].

_____. "Las actividades físicas cooperativas en un programa de Educación Física para la paz". *Actas del I Congreso Estatal de Actividades Físicas Cooperativas.* Valladolid: La Peonza, 2001 [CD-Rom].

_____. *Juegos con paracaídas en las clases de Educación Física.* Valladolid: La Comba, 1995.

VELÁZQUEZ, C. (coord.). *Actividades prácticas en Educación Física* – Cómo utilizar materiales de desecho. Madri: Escuela Española, 1996.

VELÁZQUEZ, C.; CÁCERES, M.; FERNÁNDEZ, M.; GARCÍA, M. & RUIZ, M. *Ejercicios de Educación Física para Edu-*

cación Primaria – Fichero de juegos no competitivos. Madri: Escuela Española, 1995.

VELÁZQUEZ, C. & FERNÁNDEZ, M. *Educación Física para la paz, la convivencia y la integración.* Valladolid: La Peonza, 2002 [CD-Rom].

VERNETTA, M.; LÓPEZ, J. & PANADERO, F. *El acrosport en la escuela.* Zaragoza: Inde, 1996.

VILLEGAS, J. *Tras el arco iris.* Madri: CCS, 1995.

VYGOTSKY, L. *El desarrollo de los procesos psicológicos superiores.* Barcelona: Grijalbo, 1979.

WALKER, Z. *Educando para a paz.* Brasília: Escola das Nações, 1987.

WILLIAMS, N.F. (1994). "The Physical Education Hall of Shame, part II". *Journal of Physical Education, Recreation and Dance*, 65 (2), 1994, p. 17-20.

_____. "The Physical Education Hall of Shame". *Journal of Physical Education, Recreation and Dance*, 63 (6), 1992, p. 57-60.

Índice

Sumário, 7

Introdução, 9

1 Teoria da Cooperação na atividade física, 11

   1 Qual o objetivo da cooperação na atividade física e no esporte?, 11

   2 O que é cooperar?, 16

   3 Características de uma situação cooperativa, 20

   4 Ações a serem desenvolvidas, 23

   5 O trabalho do professor/treinador/instrutor, 24

   6 Os grupos de trabalho, 24

   7 Os benefícios da cooperação, 29

   8 Problemas, erros e medos na prática, 33

   9 Avaliação, 38

   10 Mitos e falsas crenças acerca da cooperação, 42

   11 Considerações finais, 47

   12 Nota prévia às atividades: organização da sequência de aprendizagem, 49

2 Atividades introdutórias, 53

   2.1 Duplas, 53

   2.2 Saudação, 54

2.3 Chamando pelo nome, 55

2.4 Nomes cronometrados, 56

2.5 Chamada, 57

2.6 Conexão visual, 58

2.7 Encaradas, 58

2.8 Cores, 59

2.9 Conduzindo o colega, 60

2.10 Bola ao ar, 61

2.11 Ombro a ombro, 62

2.12 Pipoca, 63

2.13 Nomes, 64

2.14 "Twister" adaptado, 65

2.15 Quem é?, 66

2.16 Espiral humana, 67

2.17 Queda de confiança, 68

2.18 Pista de obstáculos humanos, 69

2.19 Ajudando os outros, 70

2.20 Passe a bola, 71

2.21 Passeio, 71

2.22 Alinhados, 72

2.23 Passando o bambolê, 73

2.24 Nó humano, 74

2.25 Por baixo da corda, 74

2.26 O avião, 75

2.27 Passeio lunar, 76

2.28 Enchendo a cesta, 77

2.29 Formando palavras, 78

2.30 Estacionando, 78

2.31 Batendo um bolão, 79

2.32 Soldadinhos de chumbo, 80

2.33 A rocha, 81

2.34 As bielas de um motor, 82

2.35 Resgate, 82

2.36 Diferentes partes em movimento, 83

2.37 A salamandra, 84

2.38 Passo perigoso, 84

2.39 A parede, 85

2.40 A teia, 86

2.41 Dança do bambolê, 87

2.42 Carrinhos de mão, 88

3 Atividades com bolas, 89

3.1 Vinte e um cooperativo, 89

3.2 Bongo!, 90

3.3 A ilha, 91

3.4 Limpando o lago, 92

3.5 O furacão, 93

3.6 Caixa cheia, 94

3.7 Cesta, 95

3.8 Parede viva, 96

3.9 Bate-bola, 97

3.10 O alfabeto, 98

3.11 Takgro, 99

3.12 De caixa em caixa, 100

3.13 Ajutatut, 101

3.14 Bolas ao ar, 102

3.15 Contrachoque, 103

4 Atividades com cordas, 105

Preparação para as atividades, 105

Atividades com cordas curtas, 106

    4.1 Dois em uma, 106

    4.2 Ombro com ombro, 107

    4.3 Passando a corda, 108

    4.4 Roda chinesa, 109

Atividades com cordas longas, 110

    4.5 Pulando todos juntos, 110

    4.6 Entrando todos juntos, 111

    4.7 Saindo de mãos dadas, 113

    4.8 Cruzado, 113

    4.9 Cruzado em duplas, 114

    4.10 Batendo palmas, 115

    4.11 Coreografias, 116

    4.12 A coleta, 117

    4.13 Transporte de barbante, 118

    4.14 Apanhando o barbante, 119

    4.15 Dando nós, 120

    4.16 Barbante por dentro da roupa, 121

    4.17 Tirando o agasalho, 122

    4.18 Pulando corda jogando badminton, 123

    4.19 Bola na corda, 124

    4.20 Mais cordas!, 125

    4.21 Três cordas, 126

    4.22 Corda dupla, 127

    4.23 Senoide, 128

    4.24 Batendo corda em cruz, 129

    4.25 Combinações de vários elementos, 129

5 Atividades com frisbees, 131

   5.1 Tiro ao pino 1, 131

   5.2 Tiro ao pino 2, 132

   5.3 Cobertura de frisbees, 132

   5.4 Bambolê suspenso, 133

   5.5 Trocando os frisbees, 134

   5.6 Circuito de frisbees, 135

   5.7 Colisão de frisbees, 136

6 Atividades com música, 137

   6.1 Corpo com corpo, 137

   6.2 Baile da batata, 138

   6.3 Conduções, 139

   6.4 A grande corrente, 140

   6.5 Apresentações, 141

   6.6 Siga o rei, 142

   6.7 Fios de lã, 142

   6.8 Siga meu passo, 143

7 Atividades com raquetes, 145

   7.1 Círculo de peteca, 145

   7.2 Mantendo as petecas, 146

   7.3 Alvo móvel, 147

   7.4 Paredão cooperativo, 148

   7.5 Badminton de troca contínua, 148

   7.6 Paredão circular, 149

   7.7 Avançando, 150

   7.8 Circuitos de badminton, 151

   7.9 Encestando no bambolê, 152

   7.10 Passe cooperativo com petecas comuns, 153

8 Atividades com paraquedas, 155

Por que utilizar paraquedas?, 155

Onde utilizar o paraquedas?, 156

Como começar?, 157

Como estender o paraquedas?, 157

Quais são os movimentos básicos necessários para praticar os jogos?, 158

Como recolher o paraquedas?, 159

   8.1 Olá!, 159

   8.2 Abraços, 160

   8.3 Conjunto de cores, 161

   8.4 Manteando objetos, 162

   8.5 Manteando objetos em grupo, 164

   8.6 O navio, 165

   8.7 O navio pirata, 166

   8.8 Pepitas de ouro, 167

   8.9 Encestando no pneu, 168

   8.10 Bom dia!, 169

   8.11 O iglu, 170

   8.12 A piranha, 171

9 Atividades com cadeiras, 173

   9.1 Imagens, 173

   9.2 O lago encantado, 174

   9.3 Sim ou não, 175

   9.4 Dança das cadeiras cooperativa, 176

   9.5 A fazenda, 177

   9.6 Um abraço, amigo!, 178

   9.7 O resgate, 179

9.8 A ponte, 180

9.9 Quebra-cabeça, 181

9.10 Ordem na fileira, 182

9.11 Palavras, 183

10 Atividades sensoriais e de percepção, 185

10.1 O astronauta, 185

10.2 Círculo de amigos, 185

10.3 Massagem em círculo, 186

10.4 Contagem do tempo, 187

10.5 Reconhecendo objetos, 187

10.6 Olfato, 188

10.7 Reconhecendo os colegas, 188

10.8 Quem me tocou?, 189

10.9 Pressentindo o contato, 190

10.10 Tô aqui!, 191

10.11 O cuco, 191

10.12 Lousa humana, 192

10.13 Estátuas, 192

10.14 A parede, 193

10.15 Conectando, 193

10.16 Nós, 194

10.17 O salto, 195

10.18 Corrida às cegas, 196

10.19 Radar, 196

10.20 Robôs, 197

10.21 Trenzinho, 198

10.22 Alvo às cegas, 199

10.23 Movimentando-se com um livro, 200

10.24 Bola na barriga, 200

10.25 Siga a corda, 201

10.26 Esboço às cegas, 202

10.27 Vendados na escola, 202

10.28 Labirinto de colchonetes, 203

10.29 Circuito de obstáculos, 204

10.30 Gols às cegas, 205

10.31 Acertando no bambolê, 207

10.32 A grande divisão, 208

11 Atividades de equilíbrio, 209

Atividades curtas, 209

11.1 Cambalhota cooperativa, 209

11.2 Movendo-se juntos, 210

11.3 Esteira humana, 211

11.4 Todo mundo no bambolê!, 212

11.5 Biombo, 213

11.6 Levantando-se em duplas, 213

11.7 Todos ao mesmo tempo, 214

11.8 A estrela, 215

11.9 A minhoca, 216

11.10 Soltando o bastão, 217

11.11 Passando o bastão, 217

Equilibrando-se sobre objetos, 218

11.12 Bancos em cruz, 218

11.13 Subindo todos no banco, 219

11.14 Banco vertical, 220

11.15 Circuito com esquis coletivos, 221

11.16 Esquis de transporte, 222

11.17 Limpeza de bolas, 223

11.18 Roda de perna-de-pau, 224

11.19 Carona com o colega, 225

11.20 Trenzinho com pernas-de-pau, 225

11.21 Fileira de pernas-de-pau, 226

11.22 Bambolê com patins, 226

11.23 Bola gigante, 227

11.24 O bote instável, 228

11.25 Travessia do deserto, 228

Atividades longas, 229

11.26 Ginástica acrobática, 231

11.27 Banco invertido, 232

11.28 Equilíbrios em grupos de oito, 233

11.29 O giro de Ángel, 235

11.30 Equilíbrios móveis básicos, 235

11.31 Equilíbrios móveis individuais, 237

11.32 Equilíbrios móveis coletivos, 238

11.33 Cruzando o banco, 239

11.34 Cruzando o banco em duplas, 240

11.35 Deslocando-se sobre o banco, 241

12 Atividades com toalhas, 243

12.1 Equilíbrios na toalha, 244

12.2 Sobre a cabeça, 245

12.3 Trocando as bolas, 245

12.4 Lançar, quicar, pegar, 246

12.5 Lançando e girando, 247

12.6 Malabarismos, 248

12.7 Vôlei de toalha, 249

12.8 Basquete de toalha, 250

12.9 Ajuda, 251

Referências, 253